Filosofia Americana

Uma Introdução

Seleção e Organização
Prof. Dr. Márcio Pugliesi
Professor dos cursos de Pós-graduação em Direito na
Pontifícia Universidade Católica de São Paulo
Bacharel e Licenciado em Filosofia pela Universidade de São Paulo
Wagner Veneziani Costa

Filosofia Americana

Uma Introdução

Tradução
Sílvia Branco Sarzana

© 2001, WVC Gestão Inteligente Comercial Ltda.

Editor:
Wagner Veneziani Costa

Produção e Capa:
Equipe Técnica Madras

Ilustração da Capa:
Parvati

Revisão:
Wilson Ryoji Imoto
Adriana Cristina Bairrada

ISBN 85-7386-026-X

Proibida a reprodução total ou parcial desta obra, de qualquer forma ou por qualquer meio eletrônico, mecânico, inclusive através de processos xerográficos, sem permissão expressa do editor (Lei nº 9.610, de 19.2.98).

Todos os direitos desta edição, para a língua portuguesa, reservados pela

WVC Gestão Inteligente Coml. Ltda.
Rua Francisco Baruel, 70 — Santana
02403-026 — São Paulo — SP
Caixa Postal 12299 — CEP 02098-970 — SP
Tel.: (0_ _11) 6959.1127 — Fax: (0_ _11) 6959.3090
www.madras.com.br/wvc

Índice

Prefácio 9

Roger Williams 13
Universidade, igreja, estado e sociedade 13
   Theses 13
   Paz civil é compatível com liberdade religiosa 14
   Controle estatal significa controle por Satã 15
   Liberdade de consciência tem limites 16
   Uma questão do mestre — A eternidade do mundo
   é uma impossibilidade 17

Benjamin Franklin 21
Uma dissertação sobre Liberdade e Necessidade,
Prazer e Dor 21
   Seção I — Da liberdade e da necessidade 21
   Seção II — Do prazer e da dor 26
Autobiografia 35

Samuel Johnson 45
Correspondência com Berkeley 45
   Johnson para Berkeley, 10 de setembro de 1720 ... 45
   Johnson para Berkeley, 5 de fevereiro de 1730 48
   Berkeley para Johnson, 24 de março de 1730 54
Elementa Filosófica 56
   Da mente em geral, seus objetos e operações 56
      A intenção 56
      A definição da mente 57

6   *Filosofia Americana*

Da união de corpo e mente 58
Definição de idéia, noção, etc. 58
O original de nossas idéias 59
Dos sentidos 59
Em que somos Passivos 60
Idéias dos sentidos, não ilustrações, mas coisas reais 60
Provado em coisas visíveis e tangíveis 61
Dos arquétipos 62
Da consciência, imaginação e memória 62
Do intelecto puro e suas ações 63
Da luz intelectual ou evidência intuitiva 64
De onde isso deriva 65

BENJAMIN RUSH 69
Sobre liberdade e necessidade 69

JOHN TAYLOR 73
Uma pesquisa dos princípios e da política do governo
dos Estados Unidos 73
    Aristocracia 73
    Os princípios da política dos Estados Unidos
    e da política inglesa 79
    Os princípios de boa moral do
    governo dos Estados Unidos 86

THOMAS JEFFERSON 95
Reflexões sobre os artigos da confederação 95
    Notas sobre a Virgínia 97
    A administração de justiça e a descrição das leis? 97
    Que costumes e maneiras podem ser
    recebidos naquele Estado? 100
    Um ato para o estabelecimento da liberdade
    religiosa passou na Assembléia da Virgínia
    no início do ano de 1780 101
    A Thomas' law 103
    A William' short 107
    Palavras da doutrina de Epicuro 110

CHARLES SANDERS PEIRCE 113
Como tornar claras as nossas idéias 113

WILLIAM JAMES 137
Conceitos filosóficos e resultados práticos 137

Prefácio

A Filosofia tem sido vista como apanágio do povo europeu e muito pequena, quase nula, é a contribuição à grande reflexão por parte das Américas. A razão dessa postura pode ser encontrada em fatos relevantes: o recente ingresso do Novo Mundo na esfera do saber; a necessidade emergencial de prover estruturas e organização à esfera econômica; a presença da tecnologia como elemento estrutural de um progresso abrangente e caracterizador das bênçãos divinas (no dizer de Weber, fruto do calvinismo onipresente); a falta de uma tradição cultural e, antes, a presença de seu oposto: um profundo antiintelectualismo nutrido por uma xenofobia inicial, ainda presente nas pequenas cidades, que afastou orientações mais profundas do pensar.

O foco inicial da reflexão da América do Norte, em face do papel do Puritanismo em sua formação, foi o governo moral do Universo, em particular os problemas práticos na gestão da Igreja e do Estado e até porque o problema da relação da soberania divina *versus* o livre-arbítrio e a liberdade geral do Homem só se torna objeto de discussão após o Grande Despertar (1734-1750).

A filosofia da América do Norte, objeto dessa coletânea[1], filha recente das preocupações européias parte da teoria política característica da Filosofia teocrática ou, por vezes, aristocrática dos purita-

---

1. Como bem observa Javier Muguerza em sua antologia sobre a filosofia analítica (*La concepción analítica de la Filosofía* [1981]), por mais que se pretenda justificar a escolha de determinados textos para compor uma seleção exemplar de uma determinada corrente filosófica: "Pero, como siempre sucede en obras de este tipo, es posible que en más de un caso no se encuentre mayor justificación para haberlos selecionado que alguna preferencia caprichosa del selecionador" (p. 21).

nos para alcançar aquela dos direitos naturais democráticos da Idade da Razão. A influência do calvinismo se faz sentir com o característico abandono da justificação pelas obras e o trânsito para a salvação pela fé (ou Graça Divina): Deus escolhe seus eleitos, mas o esforço moral e a busca de tornar-se apropriado para a escolha compõem a evidência da fé e as bases para uma segura salvação. O suporte formal para a autoridade temporal encontra-se, ademais, na autoridade defluída do sistema da Igreja[2]. A "essência" da filosofia social puritana consiste no controle divino mediante instrumentos escolhidos na Terra, com a intervenção divina tanto na escolha quanto no controle. A conseqüência geral dessa postura foi um sistema legalista e repressivo com poucos traços de preocupação pela condição do Homem e uma enorme insensibilidade pelas decorrências da exploração econômica das camadas sociais mais baixas. O texto de John Woolman, *A Plea for the Poor* (1763), reflete caracteristicamente essa situação: "*Thus Oppression in the extreme appears terrible: but oppression in more refined appearances remains to be Oppression; and where the smallest degree of it is cherished it grows stronger and more extensive: that to labour for a perfect redemption from this spirit of Oppression, is the Great Business of the whole family of Christ Jesus in this world*" (*A Word of Remembrance and Caution to the Rich*, New York, 1922, p. 427).

A etapa seguinte da investigação filosófica foi a busca da separação entre o poder temporal e o eclesial com o conseqüente de-

---

2. Confronte, por exemplo, o que diz Calvino em seu *Sobre o Governo Civil* (1559): "*... Admito de imediato que, se as três formas de governo a que se referem os filósofos forem consideradas em si mesmas, a aristocracia, seja em sua forma pura, seja em uma forma mista, combinando a aristocracia e o governo constitucional, excederá em muito todas as demais formas. Isso não acontece, todavia, por aquela forma ser inerentemente superior, mas porque é muito raro que os reis exerçam um autocontrole tal que sua vontade jamais se afaste daquilo que é justo e direito. E é igualmente raro que os reis sejam dotados de uma ponderação e sagacidade de compreensão tais que sejam capazes de discernir aquilo que é bom e proveitoso. (...) A experiência sempre corroborou isso e o Senhor o confirmou por meio de sua própria autoridade quando instituiu entre os israelitas uma aristocracia limítrofe ao governo constitucional, uma vez que Ele desejava conservá-los na melhor condição possível até o momento em que apresentaria uma imagem de Cristo em Davi*"(1995, p. 92-3).

clínio do poder do clero e a elevação daquele dos juristas. O texto de Roger Williams, um calvinista convicto, presente nesta coletânea, é um divisor de águas ponderável e característico desse bem-sucedido intento.

O passo seguinte foi dado por John Wise que, leitor e imitador de Pufendorf, acabou por obter conclusões que escaparam do modelo do jurista alemão: *"Dentre as várias formas de Governo, a democracia é a mais conforme às leis e luzes da natureza que qualquer outra e... a mais acomodada às finalidades da religião que qualquer outra"*.

O caminho para as idéias fundamentais da Revolução estava preparado e a inquietação causada por esses novos ideais pode ser vista nos textos aqui presentes, em particular nos de Franklin e Jefferson.

Finalmente, os textos de Peirce e James apresentam tendências fundamentais para o desenvolvimento da reflexão americana contemporânea que, ao receber a presença de pensadores evadidos dos efeitos da Segunda Guerra Mundial (apenas como exemplo: Popper, Einstein, Dewey, Dilthey, Arendt) e o influxo ponderável da filosofia analítica, acabou por oferecer interessantes frutos e a perspectiva da geração de uma nova postura do filosofar como se pode ver em Quine, Sneed, Rorty, entre tantos outros.

MÁRCIO PUGLIESI

Referências Bibliográficas

Hartshorne, Chrles & Weiss, Paul (ed.). *The Collected Papers of Charles Sanders Peirce*, (1931 a 1934), V.I a VI e, editados por A. Burks (1958), v. VII e VIII, todos por Harvard University Press.

Lutero e Calvino. *Sobre a Autoridade Secular*, trad. Hélio de Marc Leite de Barros e Carlos Eduardo Silveira Mattos, São Paulo, Martins Fontes, 1995, Coleção Clássicos, LXXXVI + 170 págs.

Murgueza, Javier (org.). *La Concepción Analítica de la Filosofía*, trad. A. Deaño et alii, Madrid, Alianza Editorial, 1981, Coleção Alianza Universidad Textos, 712 págs.

Roger Williams

Universidade, Igreja, Estado e Sociedade

[Theses] (1644)

Em quinto lugar, todos os *Estados Civis*, com seus *Secretários de Justiça,* em suas respectivas *constituições* e *administrações*, mostram-se *essencialmente civis* e, portanto, não *Juízes, Governantes* ou *Defensores do estado ou Culto Cristão ou Espiritual.*

* * * * *

Em décimo lugar, uma *uniformidade* forçada de *Religião* por toda uma *Nação* ou *estado civil* confunde o *Civil* com o *Religioso*, nega os princípios de cristandade e civilidade que *Jesus Cristo* encarnou.

Em décimo primeiro lugar, a permissão de outras *consciências* e *cultos*, então um estado professado, pode apenas (segundo Deus) obter uma firme e duradoura *paz* (boa *garantia* sendo tomada de acordo com a *sabedoria* do *estado civil* para a *uniformidade* da *obediência civil* de todos os tipos).

* * * * *

Em vigésimo lugar, finalmente, a verdadeira *civilidade* e o verdadeiro *cristianismo* podem ambos florescer num *estado* ou *reino*, não obstante a *permissão* de *consciências* diversas e contrárias, tanto de *Judeus* quanto dos *Gentios*.

[Paz Civil é Compatível com Liberdade Religiosa]
(1644)

A *Igreja* ou *grupo de adoradores* (verdadeiros ou falsos) é semelhante a um Corpo ou Colégio de *Médicos* em uma *Cidade*; semelhante a uma *Corporação, Sociedade* ou *Companhia das Índias Orientais* ou *Mercadores Turcos* ou qualquer outra *Sociedade* ou *Companhia* em Londres; que Companhias poderiam sustentar suas *Organizações*, manter seus *Registros*, manter *contestações*; e, em relação às suas *Sociedades*, podem divergir, dividir-se, fragmentar-se em *grupos* ou *facções*, processar uma às outras segundo a *Lei*, embora totalmente fracionadas e dissolvidas em pedaços e, contudo, a *paz* da *cidade* não é nem ao menos prejudicada ou perturbada; devido à *essência* ou natureza da *cidade* e, portanto, o seu *bem-estar* e a sua *paz* são essencialmente distintos daquelas *Sociedades*; os *Tribunais,* as *Leis* e as *punições* da *Cidade* são diferentes daquelas das *Sociedades*. A *Cidade* já existia antes delas e permanece absoluta e inteira quando uma tal *Corporação* ou *Sociedade* se arruína. Mais um exemplo: a *Cidade* ou *Estado Civil de Éfeso* foi essencialmente distinta do *culto a Diana* na cidade ou em *toda a cidade*. Novamente, a *Igreja de Cristo* em *Éfeso* (que era o povo dos Deuses, convertido e levado do *culto* daquela *Cidade* para o *Cristianismo* ou *culto do Deus em Cristo*) era distinta de ambos.

Agora, suponham que *Deus* retire o *Castiçal* de *Éfeso*; todo o *Culto da cidade de Éfeso* deverá ser alterado. Contudo (se os homens forem verdadeira e honestamente ingênuos para com as *convenções, combinações* e *princípios* da *Cidade*), tudo isso poderia ocorrer sem o menor impedimento ou infringência da Paz da *Cidade de Éfeso*.

Assim, na Cidade de *Smirna*, a própria Cidade ou Estado Civil era uma coisa e o estado *Religioso* ou *Espiritual* de *Smirna* outra e a Igreja de *Cristo* em *Smirna* distinta de ambas e a *Sinagoga Judia* distinta de todas elas. E não obstante essas oposições espirituais em relação a *Culto* e *Religião*, não temos aqui o menor ruído (nem precisamos, se os Homens mantiverem ao menos o Compromisso de *Civilidade*) de qualquer *ruptura Civil* ou *ruptura de paz Civil* entre eles; e perseguir o povo dos Deuses por aquela Religião, isso seria apenas uma ruptura da própria Civilidade.

[Controle Estatal Significa Controle por Satã] (1644)

Inicialmente, considerando o que eles dizem, que o *Poder Civil* pode erigir e estabelecer que *forma* de *Governo Civil* pode parecer mais adequado em *sabedoria*, reconheço a *proposição* mais verdadeira, não só em si mesma, e também considerada em relação à sua finalidade, aquela de que um *Governo Civil* é um *Decreto* de *Deus*, para conservar a *paz civil* do povo, na medida em que diz respeito a seus *Corpos* e *Bens*, como anteriormente foi dito.

Mas, a partir desta *Concessão*, infiro (como anteriormente tratado) que a *Soberania, a origem* e *o fundamento* do *poder civil* repousam no *povo* (que necessariamente precisa significar *poder civil* distinto do *Governo* estabelecido). E se assim for, um Povo pode erigir e estabelecer qual *forma* de *Governo* lhe parece mais adequada para sua *condição civil*. É evidente que tais *Governos*, por serem por eles erigidos e estabelecidos, não têm mais poder, não por um tempo mais longo, então o *poder civil* ou povo consentindo e concordando deverá confiar neles. Isso é claro não apenas quanto à *Razão,* mas também quanto à experiência de toda a *comunidade,* onde o povo não é privado de sua *liberdade natural* pelo poder dos *Tiranos.*

E se assim for, que os Magistrados recebem do Povo seu poder de governar a Igreja, inegavelmente segue que um *povo*, como um *povo* naturalmente considerado (de qualquer *Natureza* ou *Nação*, seja na *Europa, Ásia, África* ou *América*), tem fundamental e originalmente, enquanto homens, um poder para governar a *Igreja*, para vê-la cumprir seu *dever*, para corrigi-la, reformá-la, estabelecê-la, etc. E se isso não for retirar do *Céu Deus* e *Cristo* e *Espírito* e sujeitá-los a homens *naturais*, inconstantes e cheios de pecado e, conseqüentemente, sujeitá-los ao próprio *Satã*, por quem todos os *povos* naturalmente são guiados, deixemos que *Céu* e *Terra* julguem.

[Liberdade de Consciência tem Limites]
(1655)

Que toda vez que eu falasse ou escrevesse um título, que tende a uma tal liberdade infinita de consciência, há um erro, que sempre desaprovei e abominei. Para evitar tais erros, atualmente proponho apenas este caso: Parte um navio para o mar, com muitas centenas de almas, cujo bem-estar ou desventura é comum e é um retrato verdadeiro de uma comunidade ou sociedade ou combinação humana. Algumas vezes acontece que tanto papistas quanto protestantes, judeus ou turcos embarquem num mesmo navio; sobre tal suposição afirmo que toda a liberdade de consciência, que sempre o pleiteie, gire sobre essas duas dobradiças: que nenhum dos papistas, protestantes, judeus ou turcos seja forçado a comparecer às orações ou adorações realizadas no navio nem compelido às suas próprias orações ou adorações particulares, se praticarem alguma. Acrescento ainda que nunca neguei que, não obstante essa liberdade, o comandante desse navio deveria comandar apenas o curso do navio, sim, e também comandar que justiça, paz e sobriedade sejam mantidas e praticadas, tanto entre os marinheiros quanto entre os passageiros. Se qualquer marinheiro se recusar a realizar seus serviços ou o passageiro de pagar sua passagem, se alguém se recusar a ajudar, seja pessoalmente ou em dinheiro, os encargos comuns ou de defesa; se alguém se recusar a obedecer as leis e ordens comuns do navio relativas à paz e preservação comuns; se alguém se amotinar e se rebelar contra seus comandantes e oficiais; se alguém falar ou escrever que não deveria haver nem comandantes nem oficiais, porque todos são iguais em Cristo, portanto não há mestres nem oficiais, nem leis nem ordens, nem correções ou punições — digo, nunca neguei, apenas em tais casos, o que seja pretendido, o comandante ou comandantes podem julgar, resistir, compelir e punir tais transgressores, de acordo com seus méritos ou deméritos. Isso, se séria e honestamente lembrado, pode, se assim agradar ao Pai das luzes, iluminar um pouco àqueles que de boa vontade não fecharem seus olhos.

* * * * *

Uma Questão do Mestre
(1664)
[A Eternidade do Mundo é uma Impossibilidade]

Ímpias, Blasfemas e detratoras da excelência transcendente da Majestade Divina têm sido as impertinentes afirmações de homens alheios a e não guiados pelo Espírito ou Verdade d'Ele, que é *Amém, o Deus da Verdade*. Entre outras de suas audaciosas tentativas, eles procuram entronizar o *Mundo* com o *Ancião dos Dias*, estender um Minuto até a Eternidade e coequalizar um ponto com aquele *cujus centrum est ubique et circumferentia nullibi?*, afirmando alguns que o *Mundo era*, outros que o *Mundo poderia ser a partir da Eternidade*, o que, além das muitas demonstrações nas Escrituras, (...) a Razão não presumindo nada tão irrazoável quanto manter o *primeiro*, apresenta o Mundo com esses Argumentos para desaprovar o *último*, formulado conforme esses quatro *Tópicos*: 1. *A parte creantis;* 2. *A parte creaturae;* 3. *A Natura creationis;* 4. *A Natura Aeternitatis.*

1. *A parte creantis,* porque Deus não poderia produzir pela criação ou ato externo um Ser co-eterno consigo mesmo; nem implicar qualquer impotência no Onipotente, mas antes expressar Sua Infinita perfeição, cuja Natureza perfeita não admite contradições discordantes nem fez Ele das *impossibilidades* o objeto de Seu poder. Visto que um competente extrinsecamente produzisse *uma outra entidade* contemporânea, muito mais co-eterna consigo mesmo, implica uma contradição.

2. *A parte creaturae,* embora nem Razão nem Religião permitam a menor *Iota* de difamação em relação ao Todo-Poderoso, que é *Jehovah,* dando Existência a todas as coisas, afirmar que Seu Infinito poder não é eterno e imutável, que é *Deus potens, aeternus et immutabilis;* contudo é verdadeiro e certo, a *Creaturae,* ou antes *Nada,* que foi Seu primeiro Princípio, não poderia admitir uma possibilidade de Existência a partir da Eternidade (*In esse subjectivo non objectivo*), pois a *Idéia Divina* (se falo no dialeto de algum letrado e pio) sendo Deus contemplando a Si mesmo como imitável na fábrica de criaturas ou como se fosse capaz de receber a impres-

são da *Imagem* ou *Vestigium* daquelas perfeições divinas, que estavam em Si mesmo, segue-se qualquer que seja a perfeição que estivesse eminentemente em Deus e a criatura seria analogamente capaz, correspondia a sabedoria divina expressa (...). Mas a Eternidade, não sendo comunicada a qualquer Ser criado, implica que não é uma propriedade comunicável, de modo que, embora admitamos *Potentia, Conveniens in Deo*, ser um criador de eternidade, contudo a incomunicabilidade da Eternidade ao sujeito infere-se uma impossibilidade de sua existência externa.

4. *A Natura creationis*, então criação, não seria distinta da conservação providencial, uma *criatura* poderia ser *ens et non ens* criado e preservado num mesmo momento. *Nam cretio pont non pre-supponit objectum sed conservatio praesupponit non ponit subjectum.*

5. *A Natura Aeternitatis*. Porque Eternidade não admite parênteses de tempo, *Aeternitas est interminabilis existentiae possessio*. De modo que fazer o Mundo Eterno é afirmá-lo co-substancial com o *ens primum*, chamar a criatura de Criador, confundir a Verdade em contradições e dar um efeito de propriedades incomunicáveis à sua Causa.

* * * * *

Roger Williams
(1604 – 1683)

Esse imigrante inglês (chegou a Massachusetts em 1630) é considerado o pioneiro na separação entre Estado e Igreja, tendo implantado em 1637, em Rhode Island, a chamada liberdade religiosa, publicou em 1644 o famoso *The Bloudy Tenent of Persecution* e foi autor de uma notável gramática das línguas indígenas: *A Key into the Language of America* (1643).
Contra a teocracia da Nova Inglaterra ressaltou ser a Igreja, do ponto de vista do Estado, nada mais que uma das muitas corporações civis a serem protegidas, sem que preste qualquer contribuição para a manutenção desse Estado. Já para a Igreja, os seus interesses só podem ser frustrados mercê da intervenção do Estado, nunca promovidos. Essa distinção de desígnios afasta Estado e Igreja, que devem ser vistos como distintos espaços do agir humano.

Benjamin Franklin

Uma Dissertação sobre Liberdade e Necessidade, Prazer e Dor

Senhor, venho aqui, conforme seu pedido, trazer-lhe meus *atuais* Pensamentos sobre o *Estado Geral das Coisas* no Universo. Tal como elas são, você as tem e é bem-vindo a elas e, se elas lhe concedem qualquer Prazer ou Satisfação, acho que minha Preocupação foi suficientemente compensada. Sei que meu Esquema estará sujeito a muitas Objeções de um leitor com menos discernimento que o seu, mas ele não se destina àqueles que não podem entendê-lo. Não preciso lhe dar qualquer Aviso para distinguir as Partes hipotéticas do Argumento daquela conclusiva. Você facilmente perceberá o que designo como Demonstração e o que é apenas Probabilidade. O conjunto deixo inteiramente à sua consideração e irei me avaliar mais ou menos com base nela, na proporção de sua Estima e Aprovação.

Seção I
Da Liberdade e da Necessidade

I. *Diz-se que existe uma* Primeira Causa, *chamada* Deus, *Criador do Universo.*

II. *Diz-se que Ele é todo-poderoso, todo bem e tudo sabe.*
Sendo essas duas proposições admitidas e declaradas pelas Pessoas de quase todas as Seitas e Opiniões, eu, aqui, as aceitei como verdadeiras e as afirmei como o Fundamento de meu Argumento. O que se segue, então, sendo uma Cadeia de Conseqüências verdadeiramente delas retiradas, permanecerá ou cairá conforme sejam elas verdadeiras ou falsas.

III. *Se Ele é todo bem, o que quer que Ele faça precisa ser bom.*

IV. *Se Ele tudo sabe, o que quer que Ele faça precisa ser sábio.*

A Verdade dessas Proposições, em relação às duas primeiras, acho que pode ser justamente chamada de evidente; uma vez que, ou essa infinita Bondade agirá naquilo que está doente, ou a Sabedoria infinita naquilo que não é sábio, é extremamente clara uma Contradição não ser percebida por qualquer Homem Comum e negada tão logo seja compreendida.

V. *Se Ele é todo-poderoso, não pode haver nada que exista ou aja no Universo contra ou sem o Seu Consentimento e aquilo que Ele consente precisa ser bom, porque Ele é bom, portanto o* Mau *não existe.*

Unde Malum? é uma Questão há muito levantada e muitos dos Eruditos ficaram perplexos e os Leitores de uma Proposta menor em respondê-la. Aqui não se nega que há tanto Coisas quanto Ações às quais damos o nome de *Mau*, como *Dor, Doença, Pobreza, Roubo, Assassinato*, etc., mas que essas e coisas semelhantes não são na verdade *Más, Doenças* ou *Defeitos* na Ordem do Universo. Isso é demonstrado na próxima Seção, bem como esta e a seguinte Proposição. De fato, supor que qualquer Coisa exista ou seja feita *contrariamente* à Vontade do Todo-poderoso é supor que Ele não o seja ou que Algo (a Causa do *Mau*) é mais poderoso do que o Todo-poderoso, uma Inconsistência que acho que Ninguém defenderá, e negar que qualquer Coisa ou Ação, cuja existência Ele consente, seja boa é destruir inteiramente Seus dois Atributos: *Sabedoria* e *Bondade*.

Nada é feito no Universo, dizem os Filósofos, exceto aquilo o que Deus faz ou permite que seja feito. Isso, como Ele é Todo-poderoso, certamente é verdade: mas qual a necessidade dessa Distinção entre *fazer* e *permitir*? Porque primeiro eles tomam por certo que muitas coisas no Universo existem de uma Maneira tal que não é para o melhor que muitas Ações são realizadas e que não deveriam ser ou teria sido melhor que não o fossem; essas Coisas ou Ações eles não podem atribuir a Deus como Suas, porque eles já tinham atribuído a Ele Sabedoria e Bondade infinitas. Eis, então, o Uso da Palavra *Permitir*: Ele *permite* que elas sejam feitas, *dizem eles*. Mas nós raciocinaremos assim: Se Deus permite uma Ação é porque Ele deseja ou *Poder* ou *Inclinação* para impedi-lo; ao dizermos que Ele deseja *Poder*, negamos que seja *todo-poderoso* e se dissermos que Ele deseja *Inclinação* ou *Vontade* precisa ser ou porque Ele não é Bom ou que a Ação não é o *má* (pois toda Maldade é contrária à Essência da *Bondade Infinita*). A primeira é inconsistente com Seu Atributo de Bondade anteriormente citado; portanto, a última precisa ser verdadeira.

Dir-se-á, talvez, que *Deus permite que Ações malévolas sejam realizadas para Fins e Propósitos* sábios. Mas essa Objeção destrói a si mesma, pois, por mais que um Deus infinitamente bom tenha sábias Finalidades para o sofrimento, precisa ser bom é, desse modo, tornado bom e não poderia ser de outra maneira.

VI. *Se uma Criatura é feita por Deus, precisa depender de Deus e receber todos o seu Poder d'Ele, com o qual a Criatura não pode fazer nada contrário à Vontade de Deus, porque Deus é Todo-poderoso; o que não contrário à Sua Vontade precisa concordar com ela; o que concorda com ela precisa ser bom, porque Deus é Bom; portanto, uma Criatura só pode fazer o que é bom.*

Essa Proposição tem o mesmo Propósito da anterior, mas é mais particular e sua Conclusão é igualmente justa e evidente. Embora uma Criatura possa realizar muitas Ações que suas Criaturas Companheiras chamarão de *Má* e que, natural e necessariamente, causarão ou trarão ao Agente certas *Dores* (que, do mesmo modo, serão chamadas de *Punições*); contudo, essa Proposição prova que ele não pode fazer aquilo que em si mesmo é o Mau ou desagradar a Deus e que as Conseqüências dolorosas de suas (*assim chamadas*)

Ações malévolas não são, como de fato deveriam não ser, *Punições* ou Infelicidades, o que será demonstrado daqui em diante.

Contudo, o recente Autor erudito de *The Religion of Nature* (que lhe envio anexo) nos deu uma Regra ou Esquema para descobrir qual de nossas Ações deveria ser estimada e denominada *boa* e qual *má*; em resumo é isso: "Toda Ação que é realizada de acordo com a *Verdade* é boa e toda Ação contrária à Verdade é má. Agir de acordo com a Verdade é usar e estimar cada Coisa como o que ela é, etc. Assim, se A rouba um cavalo de B e foge com ele, usa-o não como o que na Verdade é a Propriedade de um outro, mas como sua própria, o que é contrário à Verdade e, portanto, *mau*". Mas, como esse mesmo Cavalheiro diz (Seção 1, Prop. VI): "Para julgar corretamente o que qualquer Coisa é, ela precisa ser considerada não apenas o que é em um Aspecto, mas também o que pode ser em qualquer outro Aspecto e toda a Descrição da Coisa deveria ser admitida". Assim, nesse Caso, dever-se-ia considerar que A é naturalmente um Ser *cobiçoso*, sentindo uma Inquietação ao desejar o cavalo de B, a qual produz uma Inclinação para roubá-lo, maior do que seu Medo da Punição por assim fazer. Isso é igualmente Verdade e A age de acordo com ela quando rouba o cavalo. Além disso, se se provou ser uma *Verdade* que A não tem Poder sobre suas próprias ações, será indiscutível que aja de acordo com a Verdade e impossível que o fizesse de outra forma.

Eu não seria conhecido por encorajar ou defender o Roubo; usei isso apenas como Argumento e certamente não haverá nenhum *Efeito* maléfico. A ordem e o Curso das Coisas não serão afetados por um Raciocínio dessa Espécie e é igualmente justo e necessário e muito de acordo com a Verdade, pois B não gosta e pune o Ladrão de seu Cavalo, uma vez que A o roubou.

VII. *Se a Criatura é assim limitada em suas Ações, sendo capaz de fazer apenas as Coisas como Deus teria estabelecido e não sendo capaz de recusar a fazer aquilo que Deus teria feito; então, ela não poderia ter Coisas tais como Liberdade, Livre-Arbítrio ou Poder para fazer ou refrear uma Ação.*

Por *Liberdade* algumas vezes se entendeu a Ausência de Oposição e nesse Sentido, de fato, pode-se dizer que todas as nossas Ações são Efeitos de nossa Liberdade. Mas é uma Liberdade com a mesma Natureza daquela da queda de um Corpo pesado no Solo: ele tem Liberdade para cair, isto é, não encontra nada que impeça a sua Queda, mas, ao mesmo tempo, precisa cair e não tem Poder ou Liberdade para permanecer suspenso. Mas tomemos o Argumento sob uma outra Visão e suponhamos que sejamos, no sentido comum da Palavra, *Livres Agentes*. Como o Homem é Parte dessa grande Máquina, o Universo, seu Agir normal é requisito ao movimento normal do todo. Entre as muitas Coisas que o homem pode fazer, ele pode, pois está em Liberdade e sua Escolha não é influenciada por nada (assim precisa ser ou ele não está em Liberdade), escolher qualquer uma e recusar as restantes. Agora, há a todo Momento alguma coisa *melhor* a ser feita, que é sozinha, então, *boa* e em relação à qual qualquer outra Coisa é, nesse Tempo, *má*. Para se saber o que é melhor a se fazer e qual não, é requisito que tenhamos, numa única Visão, todas as intricadas Conseqüências de cada Ação em relação à Ordem e Esquema Geral do Universo, tanto presentes quanto futuros, mas elas são inumeráveis e incompreensíveis para qualquer Coisa, exceto a Onisciência. Como não podemos saber isso, temos apenas uma Chance em dez mil de escolher a Ação correta; devemos, então, perpetuamente cambalear nas Trevas e colocar o Esquema em Desordem, pois toda Ação incorreta de uma Parte é um Defeito ou Mácula na Ordem do Todo. Não é necessário, então, que nossas Ações devam ser regidas e governadas por uma Providência que tudo sabe? — Quão exata e normal é toda Coisa no Mundo *natural*! Quão sabiamente cada Parte é planejada! Não podemos aqui encontrar o menor Defeito! Aqueles que estudaram a simples Criação animal e vegetal demonstram que nada pode ser mais harmonioso e belo. Todos os Corpos celestiais, as Estrelas e Planetas, são regulados com a máxima Sabedoria! E podemos supor um Cuidado menor a ser tomado na Ordem do Sistema *moral* do que no *natural*? É como se um Artífice engenhoso, tendo armado uma Máquina ou Relógio curioso e colocado suas muitas Engrenagens e Poderes em uma tal Dependência uns dos outros que o todo poderia se mover na mais exata Ordem e Regularidade, tivesse, contudo, nela colocado várias outras engrenagens dotadas de um *Motor próprio* independente, mas ignorantes do Interesse geral do Relógio e elas estariam, agora e sempre, se movendo de modo errado, desordenando o verdadeiro Movimento e produzindo um Trabalho contínuo para o Relojoeiro, o que poderia ser mais bem prevenido privando-as desse Poder de Automovimento e colocando-as na Dependência de uma Parte normal do Relógio.

VIII. *Se não há Coisas tais como Livre-Arbítrio nas Criaturas, não pode haver Mérito nem Demérito nas Criaturas.*

IX. *E, portanto, toda Criatura precisa ser igualmente estimada pelo Criador.*

Essas Proposições parecem ser as Conseqüências necessárias da anterior. E certamente nenhuma Razão pode ser dada, porque o Criador deveria preferir, no que se refere à Sua Estima, uma Parte de Suas Obras em detrimento de outra, se com igual Sabedoria e Bondade Ele projetou e criou todas elas, uma vez que toda Doença ou Defeito, enquanto contrários à Sua Natureza, é excluída pelo Seu Poder. Resumiremos o Argumento assim: Quando o Criador projetou, primeiramente, o Universo, ou era Sua Intenção e Vontade que todas as Coisas devessem existir e ser do Modo que são neste Tempo, ou era Sua Vontade que elas devessem *ser*, pelo contrário, de um Modo diferente, isto é, era Sua Vontade que as coisas fossem diferentes do que são, ou seja, Algo contradisse a Sua Vontade e quebrou as Suas Proporções, o que é impossível, porque é inconsistente com Seu Poder. Portanto, precisamos admitir que todas as Coisas existem agora de um Modo correspondente à Sua Vontade e, em conseqüência disso, são todas igualmente Boas e, portanto, estimadas por Ele.

Prossigo agora para mostrar que todas as Obras do Criador são igualmente estimadas por Ele, como o são, quanto em Justiça deveria ser, usadas.

Seção II
DO PRAZER E DA DOR

I. *Quando uma Criatura é formada e dotada de Vida, supõe-se que receba a Capacidade de ter Sensações de Infelicidade ou Dor.*

É isso que distingue Vida e Consciência de Matéria inconsciente inativa. Conhecer ou ser sensível ao Sofrimento ou receber a sua ação é *viver* e o que quer que não seja assim, entre as Coisas criadas, está verdadeira e propriamente *morto*.

Toda *Dor* e *Infelicidade*, primeiramente, provêm de e são causadas por alguma coisa bem distinta da própria Mente. A Alma precisa primeiro agir antes de poder reagir. No Início da Infância, é como se ela não existisse; não tem consciência de sua própria Existência até ter recebido a primeira Sensação de *Dor*; só então, e não antes, começa a sentir a si mesma, é despertada e entra em Ação. Então ela descobre seus Poderes e Faculdades e as exerce para expulsar a Infelicidade. Assim a máquina é colocada para trabalhar; isso é Vida. Somos movidos primeiro pela *Dor* e todo o Curso de nossas Vidas é só uma *Série* continuada de Ações com um panorama a ser resgatado. Tão rapidamente quanto excluímos uma Infelicidade surge outra, caso contrário o Movimento cessaria. Se um Peso contínuo não for aplicado, o Relógio parará. E tão rápido quanto as Avenidas de Infelicidade para a Alma são colocadas a ferro ou cortadas, morremos, não pensamos nem agimos mais.

II. *Essa Infelicidade, sempre que sentida, produz o Desejo de se libertar dela, na mesma proporção da Infelicidade.*

Assim, a Infelicidade é a primeira Causa e Fonte de toda Ação, porque ainda somos infelizes no Repouso, podemos não ter Desejo de nos movimentar e, sem esse Desejo, pode não haver Movimento voluntário. A Experiência de todo Homem que observa suas próprias Ações demonstrará a Verdade disso e não acho necessário dizer nada para provar que o *Desejo* será igual ao da *Infelicidade*, pois a verdadeira Coisa implica muito mais: Ela não é *Infelicidade*, a menos que desejemos nos libertar dela, e nem uma grande *Infelicidade,* a menos que o Desejo conseqüente seja grande.

Poderia aqui observar quão necessária uma Coisa, essa *Dor* ou *Infelicidade*, é na Ordem e Plano do Universo e quão bela é em seu Lugar? Vamos apenas supor que elas fossem banidas totalmente do Mundo e consideremos a Conseqüência disso: Toda a Criação Animal imediatamente permaneceria armazenada, exatamente na Posição em que estavam no Momento em que a Infelicidade terminasse; nenhum Membro, nenhum Dedo, daí em diante poderia se mover; todos nós seríamos reduzidos à condição de Estátuas, inertes e inativos. Assim, eu estaria aqui sentado, imóvel, com a caneta em minha mão — e não deixaria a minha cadeira nem escreveria nenhuma outra carta. Isso pode parecer curioso à primeira vista, mas uma pequena Consideração torna-lo-á evidente; pois é impossível determinar qualquer outra Causa para o Movimento voluntário de um Animal do que sua *infelicidade* em Inércia. Que Aparência diferente, então, teria a Face da Natureza sem ela! Quão necessária ela é! E quão diferentes os Habitantes do Mundo seriam daquilo que o Criador designou que fossem se ela não existisse! Por outro lado, gostaria de observar aqui que a VIII Proposição, na seção precedente, *Que não há Mérito nem Demérito, etc.*, é aqui novamente demonstrada, tão infalivelmente, embora de outra maneira: Pois desde que *A Liberdade em relação à Infelicidade* é o Objetivo de todas as nossas Ações, como nos é possível fazer qualquer Coisa desinteressada? Como pode qualquer Ação ser meritória de Prazer ou Desprazer, Prêmio ou Punição, quando o Princípio natural de *Auto-Amor* é o seu único e irresistível Motivo?

III. *Esse Desejo é sempre realizado ou satisfeito.*

Em seu *Desígnio* ou *Conclusão*, embora não na *Maneira*: a Primeira é requisito, a última não. Para exemplificar isso, façamos uma Suposição: uma Pessoa está confinada em uma Casa que parece estar em iminente Perigo de Desabamento; isso, tão logo é percebido, cria uma violenta *Infelicidade* e instantaneamente produz um *Desejo* igualmente forte, cujo *Objetivo* é a *liberdade em relação à Infelicidade* e a *Maneira* ou Modo proposto para chegar a esse *Objetivo* é *sair da Casa*. Agora, se essa pessoa for convencida, por qualquer meio, de que está errada e que a Casa provavelmente não ruirá, imediatamente se liberta de sua *Infelicidade* e o *Objetivo* de seu *Desejo* é alcançado tanto quanto se o fizesse na *Maneira* desejada, *saindo da Casa*.

Todos os nossos Desejos e Paixões diferentes procedem de e são redutíveis a este único Ponto, *Infelicidade*, embora sejam infinitos os Meios que nos propomos para nos afastarmos dela. Alguém se propõe *Fama*, um outro, *Riqueza*, um terceiro, *Poder*, etc., como Meios para alcançar este *Objetivo*; mas, embora ele não seja nunca atingido, se a Infelicidade for removida por quaisquer outros Meios, o *Desejo* é satisfeito. Agora, durante o Curso da Vida, nós mesmos continuamente removemos Infelicidades sucessivas, conforme vão surgindo, e a *última* que sofremos é removida pelo *doce sono* da Morte.

IV. A *realização* ou *Satisfação* desse *Desejo* produz a *Sensação* de *Prazer,* grande ou pequena, na exata proporção do *Desejo.*

Prazer é essa Satisfação que surge na Mente e é causada pela realização de nossos *Desejos* e por nenhum outro Meio; e aqueles Desejos, como antes mostrados, são causados por nossas *Dores* e *Infelicidades.* Segue-se que o *Prazer* é totalmente causado pela *Dor* e por nenhuma outra Coisa.

V. *Portanto, a Sensação de* Prazer *é igual ou na exata proporção da Sensação de* Dor.

Enquanto o *Desejo* de se libertar da Infelicidade é igual à *Infelicidade* e o *Prazer* de satisfazer tal Desejo é igual ao *Desejo*, o *Prazer* assim produzido precisa necessariamente ser igual à *Infelicidade* ou *Dor* que o produz. De três Linhas, A, B e C, se A é igual a B e B a C, C precisa ser igual a A. E como nossas *Infelicidades* são sempre removidas por um Meio ou outro, segue-se que o *Prazer* e a *Dor* são inseparáveis em sua Natureza: como numa Balança, se um desce, o outro sobe na mesma proporção; um deles não pode subir ou descer sem a Queda ou Ascensão do outro. É impossível saborear o *Prazer* sem sentir sua *Dor* proporcional precedente ou ser sensível à *Dor* sem ter seu *Prazer* necessariamente conseqüente. O *maior Prazer* é apenas Consciência da Liberdade em relação à *Dor mais profunda*, e a Dor não é Dor para nós, a menos que sejamos sensíveis a ela. Eles caminham de Mãos Dadas; não podem ser separados.

Tem-se uma Visão do Argumento inteiro em alguns Exemplos familiares: a Dor da Abstinência de alimento, conforme seja maior ou menor, produz um *Desejo* maior ou menor *de Comer*; a Realização desse *Desejo* produz um *Prazer* maior ou menor a ele proporcional. A *Dor* do Confinamento causa o *Desejo* de Liberdade, que, realizado, produz um *Prazer* igual àquela *Dor* do Confinamento. A *Dor* da Labuta e da Fadiga causa o *Prazer* do Descanso, igual àquela *Dor*. A *Dor* da ausência de amigos produz o *Prazer* do Encontro na exata proporção, etc.

Essa é a *Natureza fixa* do Prazer e da Dor e aqueles que a examinarem irão verificar que é sempre assim.

Um dos Argumentos mais comuns para a Existência futura da Alma é atualmente obtido da Desigualdade geralmente suposta entre Dor e Prazer e isso, não obstante a Dificuldade, devido às Aparência externas, de se fazer um Julgamento da Felicidade de outrem, tem sido encarado como quase irrefutável; mas, uma vez que a *Dor* natural infalivelmente produz um *Prazer* a ela proporcional, toda Criatura precisa, em qualquer Estado de *Vida*, ter uma Quantidade igual de cada, de modo que não haja, nessa quantidade, qualquer ocasião para um ajuste futuro.

Assim, todas as Obras do Criador são *igualmente* usadas por Ele e nenhuma Condição de Vida ou Ser é, em si mesma, melhor ou preferível a uma outra: o Monarca não é mais feliz do que o Escravo, nem o Mendigo mais miserável do que *Croesus*. Suponha A, B e C três Seres distintos; A e B animados, capazes de *Prazer* e *Dor*; e C, um pedaço inanimado de Matéria, insensível a ambos. A recebe dez graus de *Dor*, que são necessariamente sucedidos por dez graus de *Prazer*; B recebe quinze de *Dor* e a conseqüente igual quantidade de *Prazer*; enquanto isso, C repousa indiferente e como não sofreu nenhuma dor, não tem direito ao prazer. O que pode ser mais igual e justo do que isso? Quando as Contas são ajustadas, A não tem razão de se queixar que sua porção de *Prazer* foi cinco graus menor do que aquele de B, pois sua porção de *Dor* foi, da mesma forma, cinco graus menor. B também não tem qualquer razão de se gabar que o seu *Prazer* foi cinco graus maior do que o de A, porque a sua *Dor* foi proporcional a esse *Prazer*. Assim, ambos encontram-se na mesma situação que C, isto é, não são nem Ganhadores nem Perdedores.

Possivelmente poder-se-á aqui objetar que, como nos mostra a Experiência comum, não há, de fato, essa Igualdade: "Algumas pessoas, como vemos, estão perpetuamente bem dispostas, animadas e alegres, enquanto outras são constantemente atingidas por uma pesada Carga de Doenças e Infortúnios, permanecendo, talvez por anos, na Pobreza, na Desgraça ou na Dor e, finalmente, morrem sem qualquer aparência de Recompensa". Agora, embora não seja necessário, quando uma Proposição é demonstrada como Verdade geral, mostrar de que Maneira ela concorda com Circunstâncias particulares de Pessoas, de fato, não deveria ser exigido; contudo, como essa é uma Objeção comum, alguma Observação pode ser retirada dela e, aqui, vamos observar que não podemos ser Juízes adequados da boa ou má Fortuna dos Outros. Somos aptos a imaginar que o que nos daria uma grande Infelicidade ou uma grande Satisfação tem o mesmo Efeito sobre os Outros; pensemos, por exemplo, naqueles infelizes, que precisam depender da Caridade como meio de Subsistência, que se vestem de farrapos, alimentam-se mal e são desprezados e rejeitados por todos, sem considerar que o Costume torna todas essas Coisas fáceis, familiares e até agradáveis. Quando vemos os Ricos, Grandiosos e com um Semblante alegre, facilmente imaginamos que a Felicidade os acompanha, quando, freqüentemente, é muito ao contrário. Nem uma aparência constantemente sofrida, ligada a Queixas contínuas, é uma infalível Indicação de Infelicidade. Em resumo, não podemos julgar nada apenas pelas Aparências e elas são muito aptas a nos decepcionar. Alguns possuem uma Aparência alegre e parecem, para o Mundo, perfeitamente em Paz, embora, mesmo então, algum aguilhão interior, alguma Dor secreta amarga todas as suas Alegrias e produz o Equilíbrio; outros parecem continuamente abatidos e cheios de Dor; mas mesmo a própria Mágoa é algumas vezes *agradável* e as Lágrimas nem sempre são carentes de Doçura. Além disso, alguns retiram alguma Satisfação em serem considerados infelizes (como outros têm Orgulho de serem considerados humildes): pintam seus Infortúnios, para os outros, com as Cores mais fortes e não nos deixam outra alternativa a não ser considerá-los completamente miseráveis; para eles é um *Prazer* imenso *serem desprezíveis*. Outros retêm a Forma e uma Aparência externa de Sofrimento, muito tempo depois de a própria Coisa, com sua Causa, ter sido removida da Mente; é um Hábito que adquiriram e não conseguem abandonar. Essas, como muitas outras que poderiam ser dadas, são as Razões pelas quais não podemos fazer uma Estimativa verdadeira da *Igualdade* entre Felicidade e Infelicidade dos outros e, a menos que pudéssemos, a Realidade não pode ser oposta a essa Hipótese. De fato, estamos algumas vezes aptos a pensar que as Infelicidades que nós mesmos temos tido excedem nossos Prazeres; mas a Razão é esta: a Mente não leva em Conta os últimos; eles passam despercebidos, enquanto as primeiras deixam Impressões mais persistentes na Memória. Mas suponham que passemos a maior parte da Vida na Dor e no Sofrimento, suponham que morramos em Tormentos e *não pensemos mais*, não é uma Diminuição da Verdade daquilo que aqui é desenvolvido; pois a *Dor*, embora intensa, não constitui os *últimos* Momentos da Vida, os Sentidos logo são entorpecidos e incapazes de transmitir a Dor muito agudamente, como no início, para a Alma. Ela percebe que a Dor não pode mais ser mantida e é um *Prazer intenso* observar a Aproximação imediata do Descanso. Isso compõe um Equivalente, embora a Aniquilação deva se seguir, pois a Quantidade de *Prazer* e *Dor* não pode ser medida por sua Duração não mais do que a Quantidade de Matéria por sua Extensão e uma Polegada cúbica pode ser feita para conter, por Condensação, tanta Matéria quanto em dez mil Pés cúbicos, estando mais expandida; assim, um único Momento de *Prazer* pode exceder e compensar uma Era de *Dor*.

Deveu-se à Ignorância da Natureza do Prazer e da Dor que os Antigos Pagãos acreditavam na Fábula vaga de seu *Elizium*, aquele Estado de Tranqüilidade e Felicidade ininterrupto! A Coisa é inteiramente impossível na Natureza! Não são os Prazeres da Primavera tornados assim pelos Dissabores do Inverno? Não é o Prazer do Tempo favorável devido ao desprazer do mau Tempo? Certamente. Fosse, então, sempre Primavera, fossem os Campos sempre verdes e floridos e o Tempo constantemente sereno e favorável e o Prazer tornar-se-ia insípido e morreria em nossas Mãos, deixaria de ser Prazer para nós, quando não é anunciado pela Infelicidade. Poderia o Filósofo visitar, realmente, cada Estrela e Planeta com tanta Tranqüilidade e Rapidez quanto pode, agora, visitar suas Idéias e passar de uma para outra na Imaginação; seria um *Prazer*, eu admito, mas apenas na proporção do *Desejo* de realizá-lo e não seria maior do que a Infelicidade sofrida no Desejá-lo. A Realização de uma Jornada longa e difícil produz um grande *Prazer*; mas, se pudéssemos fazer uma Viagem à Lua e voltar novamente, tão freqüentemente e com tanta Tranqüilidade quanto podemos ir e vir do Mercado, a Satisfação seria exatamente a mesma.

A *Imaterialidade* da Alma tem sido freqüentemente usada como um Argumento para a sua *Imortalidade*; mas consideremos que, embora devesse ser concedido como imaterial e conseqüentemente suas Partes incapazes de Separação ou Destruição por qualquer Coisa material, contudo, por Experiência, verificamos que não é incapaz de Cessação de *Pensamento*, o que está em sua Ação. Quando o Corpo encontra-se apenas um pouco indisposto, tem um Efeito evidente sobre a Mente e uma correta Disposição dos Órgãos é requisito para uma correta Maneira de Pensar. Em um Sono profundo, algumas vezes, ou num Desmaio, deixamos de pensar totalmente, embora a Alma não esteja, portanto, aniquilada, apenas *existe* nesse intervalo, embora não *aja* e este, provavelmente, não pode ser o Caso após a Morte? Todas as nossas Idéias são inicialmente admitidas pelos Sentidos e impressas no Cérebro, aumentando em Número pela Observação e Experiência; aí elas se tornam os Objetos da Ação da Alma. A Alma é um mero Poder ou Faculdade de *contemplação* e *comparação* daquelas Idéias, quando as possui; daí brota a Razão. Mas como ela só pode pensar em nada além de Idéias, precisa tê-las antes de *pensar* nelas. Portanto, como pode existir antes de ter recebido algumas Idéias, pode existir antes de *pensar*. Lembrar uma Coisa é ter a Idéia dela ainda plenamente impressa no Cérebro, para a qual a Alma possa se voltar e contemplar na Ocasião. Esquecer uma Coisa é ter a Idéia dela desfigurada ou destruída por algum Acidente ou espremida e com uma grande variedade de impressões de outras Idéias sobre ela, de modo que a Alma não possa encontrar sua pista e distingui-la. Quando perdemos assim a Idéia de qualquer Coisa, podemos não *pensar* mais ou *cessar de pensar* sobre aquela Coisa e, como podemos perder a Idéia de uma Coisa, podemos perder de dez, vinte, cem, etc. e até mesmo de todas as Coisas, porque elas não estão em sua Natureza permanente e freqüentemente durante a Vida vemos que alguns Homens (por Acidente ou Enfermidade afetando o Cérebro) perdem a maior Parte de suas Idéias e se lembram muito pouco de suas Ações e Circunstâncias passadas. Agora, em relação à *Morte* e Destruição do Corpo, as Idéias contidas no Cérebro (que são unicamente Objetos da Ação da Alma), sendo, então, da mesma forma necessariamente destruídas, a Alma, embora incapaz de Destruir a si mesma, precisa necessariamente *cessar de pensar* ou *agir*, não lhe tendo sobrado nada para pensar ou sobre o que agir. Fica reduzida a seu Estado inconsciente inicial, antes de ter recebido qualquer *Idéia*. E cessar de *pensar* é apenas um pouco diferente de *cessar de ser*.

Contudo, não é impossível que essa mesma *Faculdade* de contemplar Idéias possa, depois, ser unida a um novo Corpo e receber um novo Conjunto de Idéias; mas isso não interessa de modo algum a nós, que estamos vivos agora, pois a Identidade será perdida, não é mais o mesmo *Eu*, mas um novo Ser.

Acrescentarei aqui uma curta Recapitulação do Todo, que pode, com todas as suas Partes, ser compreendido num Relance.

1. *Supõe-se que Deus, o Criador e Governador do Universo, é infinitamente sábio, bom e poderoso.*

2. Em conseqüência de Sua infinita Sabedoria e Bondade, afirma-se que o que quer que Ele faça precisa ser infinitamente sábio e bom.

3. A menos que Ele seja interrompido e Suas Medidas quebradas por algum outro Ser, o que é impossível, porque Ele é Todo-poderoso.

4. Em conseqüência de Seu infinito Poder, afirma-se que nada pode existir ou ser feito no Universo que esteja em desacordo com Sua Vontade e, portanto, não seja bom.

5. O Mal, por isso, está excluído, com todo Mérito e Demérito e, da mesma forma, toda a preferência na Estima de Deus de uma Parte da Criação em relação à outra. Este é o Resumo da Primeira Parte.

Agora, nossas Noções comuns de Justiça nos dirão que, se todas as Coisas criadas são igualmente estimadas pelo Criador, poderiam ser usadas por Ele e como de fato são, poderíamos abraçar a Verdade da Crença e como a verdadeira Conseqüência do Argumento precedente. Contudo, prosseguimos para confirmá-la, demonstrando *como* são igualmente usadas e da seguinte maneira:

1. Uma Criatura, quando investida de Vida ou Consciência, é tornada capaz de Infelicidade ou Dor.

2. Essa Dor produz o Desejo de se libertar dela, na exata proporção dessa Dor.

3. A Realização desse Desejo produz um Prazer igual.

4. Prazer é conseqüentemente igual à Dor.

Dessas Proposições observa-se:

1. Que cada Criatura tem tanto Prazer quanto Dor.

2. Que a Vida não é preferível à Insensibilidade, pois Prazer e Dor destroem um ao outro. Que ao Ser que tem dez graus de Dor subtraídos dos dez de Prazer não sobrou nada e está em igualdade com aquele Ser que é insensível a ambos.

3. Como a primeira Parte prova que todas as Coisas precisam ser igualmente usadas pelo Criador, porque são estimadas, esta segunda Parte assim demonstra que são estimadas porque igualmente usadas.

4. Uma vez que toda Ação é o Efeito da Auto-Infelicidade, a Distinção entre Virtude e Vício está excluída e a Proposição VIII, na Seção I, é novamente demonstrada.

5. Nenhum Estado de Vida pode ser mais feliz do que o presente, porque Prazer e Dor são inseparáveis.

Assim, ambas as Partes desse Argumento concordam entre si e confirmam uma à outra e a Demonstração é recíproca.

Sinto que a Doutrina aqui desenvolvida, se fosse publicada, teria apenas uma Recepção indiferente. A Humanidade natural e geralmente ama ser adulada; o que quer que conforte nossa Vaidade e tenda a exaltar nossa Espécie sobre o restante da Criação nos agrada e facilmente aceitamos, quando Verdades desagradáveis são rejeitadas com extrema Indignação. "O quê! Desçam vocês mesmos à Igualdade com as Bestas do Campo! Com a *mais desprezível* parte da Criação! É insuportável!" Mas (para usar um Exemplo de Senso *comum*) nossos *Gansos* são apenas *Gansos*, embora possamos pensar neles como *Cisnes* e a Verdade será Verdade, embora, algumas vezes, se mostre mortificante e desagradável.

Autobiografia

Foi sobre este tempo que concebi o corajoso e árduo projeto de chegar à perfeição moral. Desejava viver sem cometer qualquer falta em qualquer tempo. Conquistaria tudo o que a tendência natural, o cotume ou a companhia poderiam me levar. Como eu sabia, ou pensava saber, o que era certo e o que era errado, não via por que não poderia fazer sempre um evitar o outro. Mas logo verifiquei que tinha empreendido uma tarefa mais difícil do que havia imaginado. Enquanto minha atenção era empregada para me guardar contra uma falha, era freqüentemente surpreendido por outra; o hábito tinha a vantagem da desatenção; a tendência era algumas vezes muito forte para a razão. Concluí, finalmente, que a mera convicção especulativa, que era nosso interesse ser completamente virtuoso, não foi suficiente para impedir nosso deslize e que os hábitos contrários precisam ser quebrados e os bons adquiridos e estabilizados; antes podemos ter qualquer dependência de uma retidão de conduta estável, uniforme. Para esse propósito planejei, portanto, o seguinte método.

Nas várias enumerações das virtudes morais que encontrei em minhas leituras, encontrei um catálogo mais ou menos numeroso, pois escritores diferentes incluíram uma quantidade maior ou menor de idéias sob o mesmo nome. A Temperança, por exemplo, foi por alguns confinada ao comer e ao beber, apetite, inclinação ou paixão, corporal ou mentalmente, até mesmo à nossa avareza e ambição. Propus a mim mesmo. em função da clareza, usar preferencialmente mais nomes, com o número menor de idéias anexadas a cada um, do que poucos nomes com mais idéias. Incluí sob treza nomes de virtudes tudo o que naquela hora me ocorreu como necessário ou desejável e anexado que dei a seu significado.

Esses nomes de virtudes, com seus preceitos, foram:

1. Temperança
Não comer até o embotamento; não beber até a elevação.

2. Silêncio
Falar apenas o que pode beneficiar os outros ou a si mesmo; evite conversas frívolas.

3. Ordem
Deixe todas as suas coisas em seus lugares; deixe que cada parte de seus negócios tenha o seu tempo.

4. Resolução
Resolva realizar o que deve; realize sem falhas o que resolver.

5. Frugalidade
Não gaste exceto para fazer o bem aos outros ou a si mesmo, isto é, não disperdice nada.

6. Indústria
Não perca tempo; ocupe-se sempre com algo útil; elimine ações desnececárias.

7. Sinceridade
Não use engodos prejudiciais; pense inocente e justamente e, se falar, fale adequadamente.

8. Justiça
Não erre por cometer injurias ou omitir os benefícios que são seu dever.

9. Moderação
Evite extremos; abstenha-se de injúrias rancorosas tanto quanto você pense que elas merecem.

10. Limpeza
Não tolere a falta de limpeza no corpo, nas roupas ou na habitação.

11. Tranqüilidade
Não se perturbe com frivolidades ou com acidentes comuns ou inevitáveis.

12. Castidade
Raramente faça uso do sexo, exceto para a saúde ou prole, nunca para o embotamento, fraqueza ou injúria da reputação ou paz próprias ou de outrem.

13. Humildade
Imite Jesus e Sócrates.

Sendo minha intenção adquirir o *hábito* de todas essas virtudes, julguei que não seria bom distrair minha atenção tentando todas de uma só vez, mas fixando uma delas a cada vez. E, quando fosse mestre nela, prosseguiria então para outra e assim por diante, até que tivesse passado pelas treze e, como a aquisição prévia de algumas poderia facilitar a aquisição de certas outras, arranjei-as com isso em vista, conforme estão estabelecidas acima. A Temperança primeiro, pois tende a provocar aquela frieza e clareza mental, tão necessária onde a vigilância constante tinha de ser conservada e a guarda mantida contra a atração incessante de hábitos antigos e a força de perpétuas tentações. Sendo isso adquirido e estabelecido, o Silêncio seria mais fácil e sendo meu desejo obter conhecimento ao mesmo tempo que melhorava em virtude, e considerando que, em conversas, mais era obtido pelo uso dos ouvidos do que da língua, e portanto desejando quebrar um hábito, que tinha adquirido, de palrador, trocadilhista e piadista, que apenas me tornava aceitável à companhia frívola, coloquei o *Silêncio* em segundo lugar. Esta e a próxima, *Ordem*, esperava que me permitissem mais tempo para atender a meu projeto e a meus estudos. *Resolução*, uma vez tornada habitual, manter-me-ia firme em meus esforços para obter todas as virtudes subseqüentes, *Frugalidade* e *Indústria,* libertando-me de meu dever remanescente e produzindo fartura e independência, tornariam mais fácil a prática da *Sinceridade* e da *Justiça*, etc. Concebendo, então, que, de acordo com o aviso de Pitágoras, em seus *Versos Dourados*, o exame diário seria necessário, planejei o seguinte método para induzir esse exame.

Fiz um pequeno livro, no qual reservei uma página para cada uma das virtudes. Risquei cada página com tinta vermelha, de modo a ter sete colunas, uma para cada dia da semana, marcando cada coluna com uma letra para cada dia. Cruzei essas colunas com treze linhas vermelhas, marcando o início de cada linha com a primeira letra de cada uma das virtudes, em cada linha e em sua própria coluna. Marcaria, então, com um pingo preto, cada falta que estivesse sob exame e que tivesse sido cometida em relação àquela virtude naquele dia.

Determinei-me a dar uma semana de atenção estrita a cada uma das virtudes sucessivamente. Assim, na primeira semana, minha maior vigilância era para evitar a menor ofensa contra a *Temperança*, deixando as outras virtudes ao acaso comum, apenas marcando todas as noites as faltas do dia. Assim, se na primeira semana eu conseguisse manter a primeira linha, marcada com um T, livre de marcações, suporia que o hábito daquela virtude estivesse bastante fortalecido e o seu oposto enfraquecido, o que permitiria estender minha atenção de modo a incluir a próxima virtude e, na semana seguinte, manter sem marcações ambas as linhas. Procedendo desse modo até a última virtude, poderia atravessar um período completo de treze semanas e quatro períodos num ano. E como aquele que, tendo um jardim para capinar, não tenta erradicar todas as ervas daninhas de uma vez, o que excederia o seu objetivo e as suas forças, mas trabalhando apenas um canteiro de cada vez e, tendo concluído a limpeza do primeiro, passa para o segundo, da mesma forma eu teria, esperava, o prazer encorajador de ver em minhas páginas o progresso feito em cada virtude, através da eliminação sucessiva de marcações em cada linha até o final, durante um certo número de períodos e ficaria feliz em ver um caderno limpo, após um exame diário de treze semanas.

* * * * *

É preciso notar que, embora meu esquema não fosse totalmente sem religião, não havia nele marca de qualquer das doutrinas de alguma seita particular. Propositalmente as evitei, pois, sendo completamente da utilidade e excelência de meu método e que ele poderia ser útil às pessoas de todas as religiões e pretendendo vez ou outra publicá-lo, não haveria nada nele que prejudicasse alguém de qualquer seita. Propus-me a escrever um pequeno comentário sobre cada virtude, no qual mostrasse as vantagens de possuí-la e os prejuízos causados por seu vício oposto. Eu chamaria meu livro de **A ARTE DA VIRTUDE**, porque ele mostraria os meios e a maneira de se alcançar a virtude, o que a distinguiria da mera exortação a ser bom, que não instrui nem indica os meios, mas é como o apóstolo da caridade verbal, que apenas, sem mostrar ao nu e ao faminto como ou onde poderia obter roupas ou alimento, os exorta a ser alimentados e vestidos (Tiago 2, 15-16).

Mas aconteceu que minha intenção de escrever e publicar esse comentário nunca se realizou. De fato, de tempos em tempos, registrei pequenas sugestões de sentimentos, raciocínios, etc. a serem empregados nele, algumas das quais ainda tenho comigo; mas a necessária atenção aos negócios privados no início de minha vida e, depois, aos negócios públicos ocasionou o seu adiamento, pois, estando ligado à minha mente com *um grande e extensivo projeto*, que exigia toda a atenção de um homem para ser executado e que uma sucessão imprevista de ocupações me impediu de cuidar, permaneceu até agora inacabado.

Nesta obra era meu plano explicar e reforçar essa doutrina, que ações viciosas não são prejudiciais porque proibidas, mas são proibidas porque prejudiciais, considerando-se unicamente a natureza do homem; era, portanto, do interesse de cada um ser virtuoso e feliz, mesmo neste mundo, e eu, a partir dessa circunstância (havendo sempre no mundo uma série de mercadores ricos, nobres, autoridades e príncipes, que têm necessidade de instrumentos honestos para a administração de seus assuntos e isso sendo tão raro), esforcei-me para convencer os jovens de que qualidade nenhuma seria provavelmente tão boa para fazer a fortuna de um homem pobre do que a probidade e a integridade.

* * * * *

Tendo mencionado *um grande e extensivo projeto* a respeito do qual estava convencido, parece-me adequado que deva ser dada aqui alguma avaliação desse projeto e de seu objeto. A primeira vez que surgiu em minha mente aparece no seguinte ensaio, acidentalmente preservado:

Observações sobre minha história literária, na Biblioteca, em 19 de maio de 1731.

"Que os grandes assuntos do mundo, as guerras, as revoluções, etc., são conduzidos e afetados pelas partes.

"Que a visão dessas partes é seu interesse geral atual ou o que acham que seja esse interesse.

"Que as diferentes visões dessas diferentes partes ocasionam toda a confusão.

"Que enquanto uma parte está sustentando um plano geral, cada homem tem seu interesse particular em vista.

"Que tão logo uma parte tenha alcançado o seu objetivo geral, cada membro torna-se concentrado em seu interesse particular, o que, contrariando outros, acaba por dividir essa parte, ocasionando mais confusão.

"Que poucos, nos assuntos públicos, agem a partir de uma simples visão do bem de seu país, o que quer que seja o que pretendam. Embora suas ações tragam bem real a seu país, os homens basicamente consideraram que o seu próprio interesse e o de seu país estavam unidos e não agiram a partir de um princípio de benevolência.

"Que bem poucos ainda, nos assuntos públicos, agem com uma visão do bem da humanidade.

"Parece-me, atualmente, ser uma grande ocasião de surgir um Partido Unido para a Virtude, formado por homens bons e virtuosos de todos os países reunidos num corpo regular, governados por regras apropriadas, sábias e boas, às quais homens sábios e bons provavelmente podem ser mais unânimes em obedecê-las do que as pessoas comuns às leis comuns.

"Atualmente acho que quaisquer tentativas disso, e é bem apropriado, não podem deixar de agradar a Deus e de alcançar sucesso.

B. F."

Revolvendo esse projeto em minha mente, a ser empreendido futuramente, quando minhas circunstâncias me permitirem o necessário lazer, faço, de tempos em tempos, ensaios sobre tais pensamentos, conforme me ocorrem, em relação a ele. Muitos deles estão perdidos, mas encontro um significado que seria a substância de um credo pretendido, contendo, como pensava, a essência de cada religião conhecida e livre de tudo o que poderia chocar os mestres de qualquer religião. Pode ser expresso nas seguintes palavras:

"Que há um Deus, que criou todas as coisas.

"Que Ele governa o mundo através de sua providência.

"Que Ele deveria ser venerado pela adoração, oração e ação de graças.

"Mas que o mais aceitável serviço de Deus é fazer o bem para os homens.

"Que a alma é imortal.

"E que Deus certamente premiará a virtude e punirá o vício, ou aqui ou depois".

Minhas idéias naquela época eram que a doutrina deveria ser iniciada e espalhada no começo apenas entre homens jovens e solteiros; que cada pessoa a ser iniciada não deveria apenas declarar sua aceitação a tal credo, mas exercitar-se no exame das treze semanas e praticar as virtudes, como no modelo anteriormente mencionado; que a existência de uma tal sociedade deveria ser mantida em segredo até que se tornasse considerável, para evitar solicitações de admissões de pessoas impróprias, mas que os membros devessem, cada um deles, procurar entre seus conhecidos jovens ingênuos, bem-dispostos, aos quais, com prudente cautela, o esquema deveria ser gradualmente comunicado; que os membros deveriam proporcionar aconselhamento, assistência e apoiar uns aos outros, promovendo os interesses, negócios e progresso na vida uns dos outros; que, por distinção, deveríamos ser chamados *A Sociedade dos Livres e Tranqüilos*: livres, enquanto seres, pela prática geral e hábito das virtudes, livres do domínio do vício; e particularmente pela prática da indústria e frugalidade, livres do pecado, que expõe um homem ao confinamento e a uma espécie de escravidão a seus credores.

Isso é tudo o que eu posso recolher agora do projeto, exceto que o comuniquei em parte a dois jovens, que o adotaram com algum entusiasmo; mas, então, minhas circunstâncias limitadas e a necessidade que me colocava sob a batuta dos meus negócios ocasionaram o adiamento de sua execução naquele tempo e minhas variadas ocupações, públicas e privadas, induziram-me a continuar postergando, de modo que foi omitido até que eu não tivesse mais força ou atividade suficiente para um tal empreendimento, embora seja ainda de opinião que era um esquema praticável e poderia ter sido muito útil, através da formação de um grande número de cidadãos e não me desencorajei pela aparente magnitude da empreitada, pois sempre pensei que um homem de habilidades toleráveis pode proporcionar grandes mudanças e realizar grandes negócios entre a humanidade, se ele, primeiro, tiver um bom plano e, cortando todos os divertimentos ou outros serviços que desviariam sua atenção, fizer da execução desse mesmo plano seu único negócio e estudo.

* * * * *

Benjamin Franklin
(1706-1790)

Nasceu em Boston em 1706. De 1718 a 1723 trabalhou no jornal de seu irmão Kames. Em 1723 mudou-se para a Filadélfia. No ano seguinte, e até 1726, trabalhou como impressor em Londres, onde estabeleceu contato com importantes personalidades inglesas.
Em 1729 adquiriu a *Pennsylvania Gazette*. No ano de 1732 principiou o *Poor Richard's Almanack*.
Em 1990 morreu na Filadélfia, após uma vida cheia de realizações: Correspondente Geral da Confederação; Fundador da American Philosophical Society e da Academy of Philadelphia. Descobriu a relação entre os raios e a eletrecidade e inventou inúmeros dispositivos científicos. Doutor *honoris causa* de Harvard, Yale, Oxford e St. Andrews.

Samuel Johnson

Correspondência com Berkeley

Johnson para Berkeley, 10 de setembro de 1720

Alguns de nós fazem um esforço inútil para compreender o que você quer dizer quando fala de arquétipos. Você fala que a existência das coisas consiste no fato de serem perceptíveis. E que essas coisas não são nada além de idéias, que nossas idéias não têm arquétipos despercebidos; mas, ainda mais, você acrescenta arquétipos às nossas idéias, quando as coisas não são percebidas por nossas mentes. Já, eu o compreendo, que há uma dupla existência de coisas e idéias, uma na mente divina e outra nas mentes criadas; uma, arquétipa, outra ectípica; que, portanto, a existência permanente e original real das coisas é arquétipa, estando as idéias na *mente Divina*, e que nossas idéias são cópias delas e de agora em diante as coisas reais, conforme correspondem a seus arquétipos e os exibem a nós ou são produzidas em nós pela vontade do Todo-poderoso, em tal medida e grau e por tais leis e regras estabelecidas, pois a Ele agrada observar; que, portanto, não há substância despercebida interpondo-se entre as idéias divinas e as nossas, como um meio, uma ocasião ou um instrumento pelo qual Ele produz em nós nossas idéias, mas que o que era pensado como sendo a existência material das coisas é, na verdade, apenas ideal na mente divina. Eu o compreendi corretamente? Não é, portanto, o que quer dizer, que a existência de nossas idéias (i.e., as coisas ectípicas) depende de nossa percepção delas, ainda que estranhas a qualquer mente criada, no Espírito que tudo compreende, arquétipos reais e permanentes (tão estáveis e permanentes quanto sempre se pensa que seja a matéria), ao que essas nossas idéias correspondem e tal que (embora nossas idéias invisíveis e tangíveis sejam *toto coelo* coisas diferentes e distintas) se possa dizer sejam externas à minha mente, na mente divina, um arquétipo (por exemplo, a vela que está à minha frente) no qual os originais de minhas idéias visíveis e tangíveis, luz, calor, brancura, suavidade, etc., sob uma determinada figura cilíndrica, estão unidos, de modo que se possa adequadamente dizer ser a mesma coisa que eu vejo e sinto?

Se isso, ou algo semelhante a isso, poderia ser compreendido como sendo o que quer dizer, pareceria menos chocante dizer que não vemos nem sentimos a mesma coisa, porque não podemos destituir nossas mentes da noção de um mundo externo e seria permitido conceber que, embora não houvesse nenhuma criatura inteligente antes de Adão que fosse espectador disso, ainda que o mundo fosse realmente um *arquétipo* de seis dias, gradualmente saindo de um estado caótico informal para aquele belo espetáculo, no qual ele apareceu inicialmente para a sua mente e que o cometa, surgido em 1680 (por exemplo), tem agora, embora nenhuma mente criada o sustentasse, uma existência real no espírito que tudo compreende e está fazendo sua viagem prodigiosa através dos vastos campos do éter e, finalmente, que toda a vasta agregação de Céu e Terra, os poderosos sistemas de mundos com todos os seus acessórios têm uma existência real na mente eterna antecedente e independente da percepção do espírito criado e que, quando vemos e sentimos, etc., que aquela mente todo-poderosa, por seu *fiat* imediato, produz em nossas mentes (*pro nostro modulo*) idéias correspondentes a eles e o que pode ser imaginado em algum grau assemelha-se a eles.

Mas se há arquétipos de nossas idéias, não se segue que há um espaço, uma extensão, uma figura e um movimento externos como arquétipos de nossas idéias aos quais damos esses nomes. E, de fato, de minha parte, não posso desvencilhar minha mente da persuasão de que há um espaço externo; sempre que tento muito conceber o espaço como nada mais do que uma idéia em minha mente ele retorna a mim; apesar de meus maiores esforços, certamente precisa haver, não pode não haver, espaço externo. A extensão, largura e espessura de qualquer idéia, é verdade, são apenas idéias; a distância entre duas árvores em minha mente é apenas uma idéia, mas se há arquétipos para as idéias de árvores, precisa haver um arquétipo para a idéia da distância entre elas. Também não posso ver como se segue que não há altura, tamanho ou distância absolutos das coisas, porque elas parecem maiores ou menores para nós, conforme estejamos mais próximos ou mais distantes delas ou as vemos a olho nu ou com óculos, não se segue mais que um homem, por exemplo, não tem real e absolutamente 1,95 m de altura medida por uma régua de 65 cm aplicada a seu corpo, porque desenhos diversos dele, alguns com 1,95 m, alguns com 1,30 m, alguns com 65 cm, de acordo com a mesma medida. Ninguém jamais imaginou que a idéia de distância exista sem a mente, mas segue-se, portanto, que não haja nenhuma distância externa, à qual a idéia seja correspondente, por exemplo, entre Rhode Island e Stratford? Verdadeiramente desejo que não fosse tão importante, que pudesse ter a felicidade de ter um acesso mais fácil a você e mais intimamente aproveitar as vantagens de suas instruções.

Você admite que os espíritos têm uma existência externa real em relação um ao outro. Parece-me, se assim for, que deve haver uma distância entre eles e espaço onde eles existem ou, então, eles precisam todos existir num lugar ou ponto individual e, assim, coincidiriam uns com os outros. Não consigo ver como espaço externo e duração constituem idéias mais abstratas do que espíritos. Como não temos (apropriadamente falando) idéias dos espíritos, assim, de fato, não temos idéia de duração e espaço externo. Mas me parece que a existência destes precisa inevitavelmente seguir a existência daqueles, de maneira que não posso mais conceber a não existência deles tanto quanto posso conceber a não existência da mente eterna e infinita. Eles parecem tão necessariamente existentes independente de qualquer mente criada como a Própria Divindade. Ou devemos dizer que não há nada *a priori* no argumento do Dr. Clarke, em sua demonstração da existência e dos atributos de Deus ou naquilo que *Sir* Isaac Newton diz a respeito da infinitude e eternidade de Deus em sua *Scholium Generale* a seus *Principia*? Devo ser grato por conhecer a percepção que tem sobre o que esses dois autores dizem a respeito deste assunto.

Você perdoará a confusão de meus pensamentos e não irá se espantar com o fato de que escrevo como um homem algo desnorteado, uma vez que entrei num surpreendente mundo novo a respeito de tudo sobre mim. Essas nossas idéias, o que são? É substância da mente, o *substratum* para as idéias que ela tem? É apropriado chamá-las de modificações de nossas mentes? Ou impressões delas? Ou o quê? Realmente não posso falar do que as compõe, nada além do que a própria matéria. O que é o *esse* de espíritos? — você parece achar impossível abstrair a essência deles a partir dos pensamentos que tem. *Princ.* p. 143, sec. 98. Então o *esse* das mentes nada mais é do que *percipere*, como o *esse* das idéias é *percipi*? Certamente me parece que precisa haver um algo desconhecido, que pensa e age, tão difícil de ser concebido como matéria e cuja criação está tão distante de nós quanto a criação da matéria. Podem as ações ser o *esse* de qualquer coisa? Podem elas existir ou ser exercidas sem algum ser que seja agente? E não se pode facilmente imaginar que esse ser exista sem agir, *v.g.*, sem pensar? E conseqüentemente (pois você está falando de duração) não se pode dizer dele *durare, etsi non cogitet*, persistir em ser, embora pensando que fosse intermitente por um momento? E isso algumas vezes não é fato? A duração da mente eterna precisa certamente implicar alguma coisa além de uma eterna sucessão de idéias. Não posso, então, conceber que, embora mantenha minha idéia de duração pela observação da sucessão de idéias de minha mente, há, contudo, um *perceverare in existendo*, uma duração de meu ser e do ser de outros espíritos distintos, e independentes, dessa sucessão de idéias.

Johnson para Berkeley, 5 de fevereiro de 1730

.... E de todos os detalhes com os quais eu o aborreci anteriormente, permanecem apenas aqueles com os quais tenho alguma dificuldade, arquétipos, espaço e duração e o *esse* dos espíritos. E, de fato, essas eram as minhas principais dificuldades antes...

... Acredito que tenha me expressado mal a respeito dos arquétipos em meus 7 e 8 artigos, mas, olhando outra vez para os seus *Dialogues* e comparando novamente três ou quatro passagens, não consigo pensar que quis dizer qualquer coisa diferente daquilo que você pretendia.

Você admite, *Dial.*, p. 74, "Que as coisas têm uma existência distinta da existência percebida por nós" (i.e., quaisquer espíritos criados), "e que elas existem na, i.e., são percebidas pela, mente infinita e onipresente, que contém e sustenta este mundo sensível enquanto percebidas por ela". E, p.109, "Que as coisas têm uma existência exterior às nossas mentes e que, durante os intervalos de sua existência percebida por nós, elas existem em uma outra (i.e., a infinita) mente"; de onde você justa e excelentemente infere a certeza de sua existência, "quem sabe e compreende todas as coisas e as exibe à nossa visão de tal maneira e de acordo com regras por ele próprio ordenadas". E, p. 113, "Que, *v.g.*, uma árvore, quando não queremos percebê-la, existe sem nossas mentes na mente infinita de Deus". E essa existência exterior das coisas (se eu o compreendi corretamente) é o que você chama de estado arquétipo das coisas (p. 150).

A partir dessas e de expressões semelhantes, deduzo aquilo que eu disse a respeito dos arquétipos de nossas idéias e, por essa razão, inferi que há um exterior para nós, na mente divina, um sistema de natureza universal, a respeito do qual as idéias que temos são de tal grau semelhantes conforme agrada ao Todo-poderoso comunicá-las a nós. E, contudo, não posso ver apenas que minha inferência foi justa, porque, segundo você, a idéia que vemos não se encontra na mente divina, mas na nossa. Quando, portanto, você diz que coisas sensíveis existem, enquanto compreendidas pela, na mente divina, humildemente entendo que você precisa ter compreendido que os originais ou arquétipos de nossas idéias ou coisas sensíveis existem *in archetypo* na mente divina. Portanto, a idéia divina de uma árvore (ou uma árvore na mente divina) precisa ser o original ou arquétipo da nossa idéia e a nossa uma cópia ou imagem da d'Ele (nossas idéias, imagens das d'Ele, no mesmo sentido em que nossas almas são imagens das d'Ele), da qual pode haver várias, nas várias mentes criadas, como inúmeras cópias de um mesmo original ao qual todas se referem.

Quando, portanto, várias pessoas dizem ver a mesma árvore ou estrela, etc., seja a mesma distância, seja a várias distâncias diferentes, é (se eu o compreendo) *unum et idem in Archetypo*, embora *multiples et diversum in Ectypo*, pois é bastante evidente que a sua idéia não é a minha nem a minha é a sua, quando ambos dizemos que estamos olhando a mesma árvore, pois o que você é não sou eu nem eu você. Mas ao termos cada um nossa idéia dependente e impressa pela mesma mente todo-poderosa, dentro da qual você diz que essa árvore existe, enquanto fechamos nossos olhos (e indubitavelmente você também diz o mesmo, quando nossos olhos estão abertos), nossas várias árvores precisam, eu acho, ser várias cópias (se posso chamá-las assim) daquela original, a árvore na mente infinita, e assim com todas as outras coisas. Então, compreende você, que, de fato, nossas idéias não são, em qualquer medida, semelhanças adequadas do sistema na mente divina, exceto, porém, que elas são verdadeiras e justas semelhanças ou cópias dele, tanto quanto agrade a Ele transmitir-nos Sua mente.

Quanto a espaço e duração, não pretendo ter qualquer outra noção de sua existência exterior do que está necessariamente implicado na noção que tenho de Deus; não suponho que sejam qualquer coisa diferente de ou exterior à mente externa e infinita, pois concluo com você que não há nada exterior à minha mente, exceto Deus e outros espíritos com atributos ou propriedades pertencentes a eles e idéias contidas neles.

Duração e espaço externo, portanto, suponho que sejam aquelas propriedades ou atributos em Deus, para quem nossas idéias, que indicamos por esses nomes, são correspondentes e das quais são vagas sombras. Esse suponho que seja o significado dado por *Sir* Isaac Newton, quando ele diz, *Schol. General, Deus — durat semper et adest ubique et existendo semper et ubique, durationem et spacium, eternitatem et infinitatem constituit*. E, em sua *Optics*, denomina o espaço *como se fosse o* sensorium *sem limites de Deus*, nem posso pensar que você tem uma noção desses atributos diferente daquela do grande filósofo, embora possa diferir na maneira de se expressar ou se explicar. Porém, quando você chama a Divindade de infinita e eterna, e naquela descrição mais bela e charmosa, *Dial.* p. 71, etc., quando você fala do *abismo do espaço e extensão sem fronteiras além do pensamento* e da imaginação, não sei como compreendê-lo de outra maneira diferente daquela que compreendi de *Sir* Isaac, quando ele usa expressões semelhantes. A verdade é que não temos idéias próprias sobre Deus ou Seus atributos e os concebemos apenas por analogia daquilo que encontramos em nós mesmos; e, assim, acho que concebemos Sua imensidão e eternidade como sendo aquilo n'Ele que é correspondente ao nosso espaço e duração.

Da mesma forma que o *punctum stans* das Escolas ou o *to nun* dos Platonistas, estas são noções muito sutis para meus pensamentos grosseiros; não posso dizer o que fazer com essas palavras; elas não parecem carregar quaisquer idéias ou noções à minha mente e, qualquer que seja o assunto, quanto mais penso nelas, mais elas desaparecem e parecem desaparecer no nada. De fato, para mim, se parecem muito com idéias abstratas, mas duvido que a razão seja por nunca as ter corretamente compreendido. Não vejo por que a expressão *punctum stans* não possa pelo menos ser tão bem aplicada tanto à imensidão quanto à eternidade de Deus, pois a palavra *punctum* é mais comumente usada em relação à extensão e espaço do que em relação à duração; e para dizer que um ser é imenso e, contudo, que ele é apenas um ponto e que sua duração é perpétua sem começo nem fim e, ainda, que é apenas um *to nun,* parece-me uma contradição.

Não posso, portanto, compreender o termo *to nun,* a menos que seja designado para obscurecer a divina onisciência ou a perfeição do divino conhecimento, por mais perfeita que seja a noção que temos das coisas presentes em relação às coisas passadas e esse senso implicaria que todas as coisas passadas, presentes e futuras encontram-se sempre em qualquer ponto de duração igual e perfeitamente conhecido ou presente na mente de Deus (embora de uma maneira infinitamente mais perfeita), pois as coisas que nos são conhecidas estão presentes em nossas mentes em qualquer ponto de nossa duração, que é o que chamamos de *agora.* De modo que, em relação ao Seu conhecimento igualmente perfeito das coisas passadas, presentes ou futuras, tudo é, de fato, sempre agora com Ele. A esse propósito parece bem aplicado e suficientemente inteligível, mas Sua duração assumo como uma coisa diferente disso, como aquele ponto de nossa duração que eu chamo de *agora* é alguma coisa diferente de nosso conhecimento atual das coisas, enquanto distintas de nossas recordações. E pode-se muito bem dizer que a imensidão de Deus consiste em Seu conhecimento imediato do que é e é realizado em todos os lugares (*v.g.* China, Júpiter, Saturno, todos os sistemas de estrelas fixas, etc.), porém, por mais remoto de nós (embora de uma maneira infinitamente mais perfeita), como sabemos que é e é realizado em e sobre nós realmente à mão; pois que Sua eternidade consiste nesse *to nun* como acima explicado, i.e., em Seu conhecimento das coisas presentes, passadas e futuras, porém muito remotas, tudo imediata ou igualmente perfeitas como conhecemos as coisas que estão presentes a nós *agora*.

Em resumo, nossas idéias expressas pelos termos imensidão e eternidade são apenas espaço e duração considerados como sem limites ou com a negação de quaisquer limites e não posso ajudar pensando que há algo análogo a eles sem nós, estando em ou pertencendo a, ou atributos de, aquela mente gloriosa, que, por essa razão, chamamos de imensa e eterna, na qual nós e todos os outros *vivemos, nos movemos e existimos*, não todos num ponto, mas em muitos pontos, lugares ou *alicubis* diferentes e variadamente situados uns em relação aos outros ou, de outro modo, como eu disse anteriormente, parece como se devêssemos todos coincidir uns com os outros.

Concluo, se estou errado em minha noção de duração e espaço eterno, que isso se deve aos preconceitos arraigados em relação às idéias abstratas; mas realmente, quando penso nela repetidas vezes, em minha maneira insignificante de pensar, não consigo ver qualquer conexão entre elas (da maneira como eu as compreendo) e aquela doutrina. Elas não parecem ser idéias mais abstratas do que os espíritos, pois, como eu disse, eu as tomo como atributos do espírito necessariamente existente e, conseqüentemente, as mesmas razões que me convenceram da existência dele trazem com elas a existência desses atributos. De modo que a maneira de se chegar aos conhecimentos das coisas que você menciona é que da inferência ou dedução pela qual eu pareço saber que há duração e espaço externo infinitos, porque há sem mim uma mente eterna e infinita.

Assim como o *esse* dos espíritos, sei que Descartes sustentou que a alma sempre pensa, mas acho que o Sr. Locke refutou suficientemente essa noção, a qual foi por ele cogitada apenas para servir a uma hipótese. Os escolásticos, é verdade, chamam a alma de *Actus* e Deus de *Actus purus*; mas confesso que nunca compreendi bem o significado que dão, talvez porque nunca tive a oportunidade de ser muito versado em seus escritos. Deveria ter pensado nos escolásticos como escritores de todas as espécies e mais improvável recorrer à compreensão do sentimento que você tem, porque eles, entre todos os outros, lidam com as idéias mais abstratas; embora colocar a verdadeira existência dos espíritos no mero ato de pensar me parece muito semelhante a compor idéias abstratas deles.

Há certamente algo passivo em nossas almas; somos puramente passivos na recepção de nossas idéias e raciocínio e desejo são ações de algo que raciocina e deseja e, portanto, precisam ser apenas modalidades desse algo. Não me parece que, quando digo [alguma coisa], quero dizer uma idéia abstrata. É verdade que não tenho idéia dela, mas eu a sinto; sinto que é, porque sinto ou tenho consciência das aplicações dela; mas tais aplicações não são a coisa, mas as modalidades dela, distintas dela como as ações de um agente, que me parece distinguível sem recorrer a idéias abstratas.

E, portanto, quando suponho a existência de um espírito enquanto ele realmente não age, não me parece que o faço por supor uma idéia abstrata de existência e uma outra de tempo absoluto. A existência de João, adormecida para mim tanto quanto um sonho, não é uma idéia abstrata nem o é o tempo que passa. São apenas considerações parciais dele. *Perseverare in existendo* em geral, sem refletir qualquer coisa particular existente, aceito ser o que é chamado de uma idéia abstrata de tempo ou duração; mas o *perseverare in existendo* de João é, se não estou errado, uma consideração parcial dele. E acho que é igualmente fácil concebê-lo tanto continuando a existir sem pensar quanto sem ver.

Será que uma criança não tem alma até que realmente a perceba? E não existe a mesma coisa quando se dorme sem sonhar ou se existe num *deliquium* sem um pensamento? Se há, e ainda, ao mesmo tempo, o *esse* de um espírito não seja nada mais do que seu real pensamento, a alma precisa estar morta durante esses intervalos; se parar de pensar ou pensar intermitentemente for cessar de existir ou a morte da alma, isso constitui facilmente e inúmeras vezes matar. De acordo com esse princípio, me parece que a alma pode dormir até a ressurreição ou, antes, pode despertar no estado de ressurreição no momento seguinte à morte. Mais ainda, não vejo sobre o que podemos construir qualquer argumento natural para a imortalidade da alma. Acho que uma vez ouvi você conceder um princípio de percepção e movimento espontâneo nos animais. Agora, se o *esse* deles, bem como o nosso, consiste em perceber, sobre o que se baseia a imortalidade natural de nossas almas que igualmente não concluirá em favor delas? Menciono essa consideração final porque estou embaraçado ao compreender como você estabelece o argumento para a imortalidade natural da alma; pois o argumento de pensar no imaterial e daí ao indivisível e deste ao imortal não parece prevalecer em seu modo de pensar.

Se *esse* for apenas *percipere*, no que se baseia nossa consciência? Eu percebi ontem, percebo agora, mas na noite passada, entre a minha percepção de ontem e a minha percepção de hoje, houve um intervalo, quando não percebi nada. Parece-me que precisa haver algum princípio comum a tais percepções, cujo *esse* não dependa delas, mas no qual elas estão, como estiveram, ligadas e do qual dependem, por meio do qual sou e continuo consciente delas. Finalmente, o argumento do Sr. Locke (B.2. Ch.19. Sec.4) da intenção e remissão do pensamento me parece bastante considerável; de acordo com ele, sobre essa suposição de que a alma precisa existir mais ou ter um grau maior de existência num tempo do que em outro, conforme se pensa mais intensa ou lentamente.

Admito que errei muito quando disse que não sabia o que deduzir das idéias mais do que da matéria. O significado que dei era, de fato, o mesmo que expressei depois sobre a substância da existência da alma, quase tão desconhecida quanto a matéria. E o que eu pretendia com essas questões era se nossas idéias não constituem a substância da própria alma, sob as mais variadas modificações, de acordo com o que diz (se compreendi corretamente) *Intellectus intelligendo fit omnia*? É verdade, aquelas expressões (modificações, impressões, etc.) são metafóricas e me parece ser não menos assim, dizer que idéias existem na mente e tenho alguma dúvida se essa maneira final de falar não nos leva para mais longe da coisa do que dizer que as idéias são a mente variadamente modificada; mas, como você observa, raramente é possível falar da mente sem uma metáfora.

Berkeley para Johnson, 24 de março de 1730

Não tenho objeções contra chamar as idéias na mente de Deus arquétipos nossos. Mas tenho objeções contra aqueles arquétipos supostos pelos filósofos como sendo coisas reais e tendo uma existência racional absoluta diferente da sua existência percebida, qualquer que seja ela, sendo a opinião de todos os materialistas que uma existência real na mente divina é uma coisa e a existência real das coisas materiais outra.

Quanto ao espaço, não tenho noção de nenhum, exceto aquele que é relativo. Sei que alguns filósofos recentes têm atribuído extensão a Deus, particularmente os matemáticos, um dos quais, num tratado de *Spacio reali*, pretende encontrar quinze dos atributos incomunicáveis de Deus no espaço. Mas me parece que, sendo todos negativos, ele poderia muito bem tê-los encontrado no nada o que teria sido tão justamente inferido que o espaço, sendo impassível, não criado, indivisível, etc., não é nada quanto que era Deus.

Sir Isaac Newton supôs um espaço absoluto diferente do relativo e conseqüente a isso movimento absoluto, diferente do relativo; e como todos os outros matemáticos, ele supôs a divisibilidade infinita das partes finitas desse espaço absoluto; também supôs corpos materiais se acumulando nele. Agora, embora reconheça que *Sir* Isaac é um homem extraordinário e um matemático muito profundo, ainda não concordo com ele nesses particulares. Não tenho escrúpulos em usar a palavra espaço, bem como outras palavras de uso comum, mas não quero indicar com isso uma existência absoluta distinta. Para o significado que dou, veja o que tenho publicado.

Pelo *to nun* suponho estar implicado que todas as coisas passadas e futuras estão realmente presentes na mente de Deus e que não há n'Ele nenhuma mudança, variação ou sucessão — uma sucessão de idéias que aceito constituir o tempo e não ser apenas a medida sensível dele, como acham o Sr. Locke e outros. Mas nesses assuntos todo homem pensa por si mesmo e comunica o que encontra. Uma de minhas pesquisas mais antigas era sobre o tempo, que me levou a vários paradoxos, que não pensei ser adequado ou necessário publicar, particularmente a noção de que a ressurreição se dá no momento seguinte à morte. Estamos confusos e perplexos a respeito do tempo.

1. Supondo uma sucessão em Deus.

2. Concebendo que temos uma idéia abstrata de tempo.

3. Supondo que o tempo em uma mente é medido pela sucessão de idéias em outra mente.

4. Não considerando o verdadeiro uso e terminações de palavras, que tão freqüentemente terminam no desejo quanto na compreensão, sendo mais empregada para incitar influência e ação direta do que para produzir idéias claras e distintas.

Que a alma do homem é tanto passiva quanto ativa não tenho dúvida. Idéias gerais abstratas eram uma noção que o Sr. Locke sustentou em comum com os Escolásticos e, acho, todos os outros filósofos; aparece em todo o seu livro *Of Human Understanding*. Ele sustenta uma idéia abstrata de existência restrita a perceber e ser percebido. Não posso achar que eu tenha uma tal idéia e esta é minha razão contra ela. Descastes procede baseado em outros princípios. Um pé quadrado de neve é tão branco quanto mil jardas quadradas; uma única percepção é tão verdadeira quanto mil percepções. Agora, sendo qualquer grau de percepção suficiente para a existência, não se segue que deveríamos dizer que um existe mais em tempo do que outro, não mais do que deveríamos dizer que mil jardas de neve são mais brancas do que uma jarda. Mas depois de tudo, isso transforma-se numa disputa verbal. Acho que ela poderia evitar uma grande quantidade de obscuridade e disputa para examinar bem o que tenho dito a respeito da abstração e do verdadeiro uso do sentido e significado das palavras em várias partes dessas coisas que tenho publicado, embora muito se tenha a dizer sobre esse assunto.

Você diz que concorda comigo que não há nada dentro de sua mente exceto Deus e outros espíritos, com os atributos e propriedades a eles pertencentes e as idéias neles contidas. Esse é um princípio ou um ponto principal a partir do qual tenho formulado idéias abstratas, e do qual muito pode ser deduzido. Mas se em toda inferência não devemos concordar, tanto quanto os pontos principais sejam estabelecidos e bem compreendidos, eu deveria ser menos solícito sobre determinadas conjecturas. Poderia desejar que todas as coisas que tenho publicado sobre esses assuntos filosóficos fossem lidas na ordem em que as publiquei, uma primeira vez para considerar o escopo e a conexão deles e uma segunda vez com olho crítico, acrescentando o seu próprio pensamento e observação em cada parte, conforme você prossegue.

* * * * *

Elementa Filosófica

Da Mente em Geral, seus Objetos e Operações

A Intenção

É minha intenção, no ensaio que se segue, traçar, no menor espaço que puder, os vários passos da mente humana, a partir das primeiras impressões de sensação, através das várias melhorias que ela gradualmente faz até que chega àquela perfeição e prazer consigo mesma, que é a grande finalidade de sua existência. Para isso, primeiro, será oportuno definir o que queremos dizer com mente humana e fazer algumas considerações a respeito de seus vários objetos, poderes e operações e os princípios e regras pelos quais eles são levados a alcançar o conhecimento da verdade, que é a ocupação daquela ciência chamada Lógica ou A Arte de Pensar ou Raciocinar, cuja base é a *philosophia prima*, que é também chamada metafísica e ontologia ou a doutrina da noção geral da existência, com suas várias propriedades e tendências e aquelas aplicadas em geral tanto ao corpo quanto ao espírito. E enquanto verdade e bem estão intimamente associados, sendo, apenas, a mesma coisa sob diferentes considerações, isso pavimentará o caminho para a obtenção daquele bem supremo, na escolha e alegria das quais consiste nossa mais elevada felicidade; a consideração particular que é a ocupação da ética, ou filosofia moral, que é arte de perseguir nossa mais elevada felicidade através da prática universal da virtude.

A Definição da Mente

A palavra mente ou espírito significa, em geral, qualquer existência ativa inteligente, cuja noção obtemos daquilo de que temos consciência em nós mesmos, que sabemos que temos dentro de nós um princípio de percepção, inteligência, atividade e auto-realização consciente; ou, antes, que cada um de nós é uma existência consciente, perceptiva, inteligente, ativa e auto-realizadora; e pelo raciocínio e analogia a partir de nós mesmos, aplicamo-la a todas as outras mentes ou inteligências acima ou superiores a nós e (removendo todas as limitações e imperfeições) aplicamo-la até mesmo àquela Grande Inteligência Suprema, que é o Pai universal de todos os espíritos criados e (tanto quanto possam avançar nossas palavras e concepções) pode ser definida uma Mente ou Espírito infinito ou uma Existência infinitamente inteligente e ativa. Mas por mente humana queremos indicar aquele princípio de percepção, inteligência e livre atividade, que sentimos dentro de nós mesmos ou, antes, sentimos que nós mesmos somos, providos daqueles objetos e poderes e sob aquelas restrições e limitações sob as quais agrada a nosso grande Criador nos colocar neste estado atual.

Da União de Corpo e Mente

Somos atualmente espíritos ou mentes ligados a corpos grosseiros, tangíveis, de uma tal maneira que como nossos corpos só podem perceber e agir através de nossas mentes, assim, por outro lado, nossas mentes percebem e agem através dos órgãos de nossos corpos. Tal é a lei atual de nossa natureza que entendo ser nada mais do que uma mera constituição ou estatuto arbitrário d'Ele, que nos fez ser o que somos. E conseqüentemente apreendo que a união entre nossas almas e corpos, durante nosso estado atual, nada mais é do que essa lei de nossa natureza que é a vontade e o *fiat* perpétuo daquele Pai Mente infinito, que fez e sustenta em vida as nossas almas e na qual vivemos e nos movemos e temos nossa existência, que nossos corpos devem ser, então, conduzidos por nossas mentes e que nossas mentes devem, então, perceber e agir pelos órgãos de nossos corpos e sob tais limitações, às quais, de fato, nos encontramos ligados.

Definição de Idéia, Noção, etc.

Ao objeto imediato dessas nossas percepções e ações chamamos de idéias; essa palavra tem sido comumente definida e usada pelos modernos, para os quais significa qualquer objeto da mente ao pensar, seja sensível ou intelectual, e assim é, de fato, sinônimo da palavra pensamento, que compreende ambos. Platão, de fato, pela palavra idéia, compreendia o exemplar original das coisas, sensíveis ou intelectuais, na mente eterna, de acordo com a qual todas as coisas existem ou as essências abstratas das coisas, enquanto originais ou arquétipos naquele intelecto infinito do qual nossas idéias ou concepções são uma espécie de cópia. Mas, talvez, para a nossa compreensão mais distinta deste assunto, pode ser melhor confinar a palavra idéia aos objetos imediatos de percepção e imaginação, que constituía o seu significado original, e usar a palavra noção ou concepção para significar os objetos da consciência e puro intelecto, embora ambos possam ser expressos pelo termo geral pensamento, pois esses são tão inteiramente e tão *toto coelo* diferentes e distintos um do outro, o que pode dar origem à confusão em nossos pensamentos e nossa linguagem, usar a mesma palavra promiscuamente para ambos; embora sejamos, de fato, obrigados a, geralmente, substituir imagens sensíveis e palavras a elas ligadas para representar coisas puramente intelectuais; tais são, por exemplo, as palavras espírito, ponderar, conceber, discurso e assemelhadas.

O Original de Nossas Idéias

Pode-se dizer que nossas mentes foram criadas como meras *tabulae rasae*, i.e., não tinham noção de quaisquer objetos de qualquer espécie adequadamente criada nelas ou co-criada com elas; contudo, compreendo que em todas as noções que têm de qualquer tipo de objeto possuem uma dependência imediata da Divindade, tão realmente quanto dependem d'Ela para a sua existência, i.e., não são mais autoras para si mesmas dos objetos de suas percepções ou da luz pela qual os percebem do que do poder de perceber-se; apenas que elas os percebem por uma comunicação perpétua com aquele grande Pai Mente, para cuja atividade incessante elas são inteiramente passivas, tanto em relação a todas as percepções do significado quanto em relação a toda aquela luz intelectual, pela qual percebem os objetos do intelecto puro. Não obstante, é evidente, a partir da experiência, que, em conseqüência de tais percepções, elas têm total liberdade para agir ou não agir e todas as suas ações fluem de um princípio de auto-realização. Mas para melhor compreender essas coisas, preciso definir mais particularmente tais termos. E como todas as noções que temos em nossas mentes derivam originalmente destas (ou, antes, através dessas) duas fontes, sentidos e consciência, é necessário começar com elas.

Dos Sentidos

Por sentido queremos dizer aquelas percepções que temos de objetos *ab extra* ou por meio dos vários órgãos de nossos corpos. Assim, pelo sentimento ou pelo tato, percebemos uma variedade interminável de objetos tangíveis, resistência, extensão, figura, movimento, firmeza, suavidade, calor, frio, etc. Pela visão percebemos luz e cores e suas inúmeras modificações, vermelho, azul, verde, etc. Pela audição percebemos sons; pelo paladar, sabores; pelo olfato, odores, etc. Essas são chamadas idéias simples. E dessas, escolhidas de uma ampla variedade de combinações fixas, ou idéias compostas, distintas umas das outras, e nas quais elas sempre coexistem, consiste em tipo e corpo individual na natureza, como os que denominamos homem, cavalo, árvore, pedra, maçã, cereja, etc. E de todas essas várias combinações ou composições diferentes, conectadas de tal maneira para constituir um todo mais belo, útil e harmonioso, consiste o que chamamos de natureza universal ou todo o mundo sensível ou natural.

Em que somos Passivos

Na percepção dessas idéias de objetos dos sentidos, verificamos que nossas mentes são meramente passivas, não estando em nosso poder (supondo nossos órgãos corretamente dispostos e situados) se veremos luz e cores, ouviremos sons, etc. Não somos causa para nós mesmos de tais percepções, nem podem elas ser produzidas em nossas mentes sem uma causa ou (ou que é a mesma coisa) por qualquer causa imaginada não inteligente, inerte ou inativa (o que de fato é, em termos, uma contradição), de onde se demonstra que elas precisam derivar, para nós, de uma causa Todo-poderosa, inteligente, ativa, exibindo-as para nós, impressionando nossas mentes com elas ou produzindo-as em nós; e, conseqüentemente (como eu sugeri), precisa ser através de uma comunicação perpétua de nossas mentes com a Divindade, o Grande Autor de nossas Existências ou por Sua influência ou atividade perpétua sobre elas, de modo que são possuídas de todos esses objetos dos sentidos e da luz pela qual nós as percebemos.

Idéias dos Sentidos, não Ilustrações, mas Coisas Reais

Comumente se supõe que essas idéias ou objetos dos sentidos sejam ilustrações ou representações das coisas sem nós e, de fato, externas a qualquer mente, mesmo aquela da própria Divindade e a verdade ou realidade delas é concebida para consistir em sua existência ilustrações exatas de coisas ou objetos sem nós, que se supõem como coisas reais. Mas como é impossível para nós perceber o que está fora de nossas mentes e, conseqüentemente, o que aqueles supostos originais são, e se essas nossas idéias forem ou não apenas imagens delas, estou, portanto, apto a pensar que tais idéias, ou objetos imediatos dos sentidos, são as coisas reais, pelo menos tudo com o que nos relacionamos, quero dizer, do tipo sensível e o que a realidade delas consiste em sua estabilidade e consistência ou sua existência, de uma maneira estável, exibida às nossas mentes ou nelas produzida e numa conexão estável umas com as outras, conforme certas leis fixas da natureza, que o grande Pai dos Espíritos estabeleceu para Si mesmo, segundo o qual Ele comumente opera e afeta nossas mentes e a partir do que Ele não varia, exceto em ocasiões extraordinárias, como no caso dos milagres.

Provado em Coisas Visíveis e Tangíveis

Assim, por exemplo, há uma conexão fixa estável entre coisas tangíveis e coisas visíveis ou os objetos imediatos de toque e visão, dependendo, como compreendo, imediatamente sobre a permanente, mais sábia e todo-poderosa vontade e *fiat* do grande criador e preservador do mundo. Pelo qual, tampouco pode ter significado, esses objetos visíveis são ilustrações de objetos tangíveis (que, contudo, estão em todos os sentidos que podem ser compostas de idéias dos sentidos, sendo imagens de coisas reais sem nós), pois elas são coisas inteiramente diferentes e distintas, tão diferentes quanto os sons, triângulo e a figura por ele representada: tão diferentes que um homem que nasceu cego e começa a enxergar poderia não ter nenhuma noção de que um globo visível tem qualquer conexão com um globo tangível, pela simples visão, sem ser pensado; do que um francês, que deveria chegar à Inglaterra, e ao ouvir a palavra homem, poderia imaginar, sem ter pensado, que ela significasse a mesma coisa que a palavra *homme* de seu idioma. Todo o significado que se pode tirar disso, portanto, é que, como as coisas tangíveis são aquelas imediatamente capazes de produzir (ou, antes, estar ligadas a) prazer ou dor sensíveis em nós, de acordo com as leis atuais de nossa natureza, por conta das quais são concebidas como sendo propriamente as coisas reais; assim, os objetos imediatos da visão ou coisas visíveis estão sempre, pela mesma lei estável de nossa natureza, ligados a elas, como signos delas e sempre correspondentes e proporcionais a elas — extensão, figura, movimento, etc. visíveis — aquelas do tipo tangível, que recebem os mesmos nomes e, assim nas composições ou combinações delas — o homem, o cavalo, a árvore, à pedra visíveis, etc. — com aquelas do tipo tangível, indicada pelos mesmos nomes.

Dos Arquétipos

Não que se deva duvidar, mas há arquétipos dessas idéias sensíveis existindo externamente às nossas mentes; mas, então, elas precisam existir em alguma outra mente e também ser idéias assim como as nossas; porque uma idéia só pode se assemelhar a uma idéia e uma idéia sempre implica a sua verdadeira natureza, a relação com a mente que a percebe ou na qual existe. Mas, então, aqueles arquétipos ou originais e a maneira de sua existência naquela mente eterna precisam ser inteiramente diferentes daquela sua existência em nossas mentes, tão diferentes quanto a existência d'Ele é da nossa: n'Ele elas precisam existir como no intelecto original; em nós apenas através dos sentidos e da imaginação; e n'Ele, como originais; em nós apenas como cópias fracas; tal como Ele acha conveniente nos comunicar, de acordo com tais leis e limitações que Ele estabeleceu e tal como são suficientes a todos os propósitos relacionados a nosso bem-estar, com o qual apenas nós estamos preocupados. Portanto, não se pode dizer, por outro lado, que nossas idéias são imagens ou cópias dos arquétipos na mente eterna, tanto quanto se diz que nossas almas são imagens d'Ele ou como dizemos que somos feitos à Sua imagem.

Da Consciência, Imaginação e Memória

Tanto quanto para os sentidos, por consciência se entende nossa percepção de objetos *ab intra* ou a partir da reflexão ou voltando para dentro o olho de nossa mente e observar o que se passa dentro dela, pelo que sabemos que percebemos todos aqueles objetos sensíveis e suas conexões e todos os prazeres e dores que os acompanham e todos os poderes e faculdades de nossas mentes a eles devotados. Assim, tenho consciência de que percebo luz e cores, sons, odores, sabores e qualidades tangíveis com todas as suas várias combinações e dessas algumas me dão, ou melhor, estão ligadas à dor ou inquietude, outras ao prazer ou tranqüilidade e a confortável alegria comigo mesmo. Verifico, além disso, que, quando tenho qualquer percepção ou impressão dos sentidos, retenho uma imagem frouxa dela em minha mente depois ou tenho um tipo de semelhança ou sentido interno a respeito dela; pois tendo visto o sol, uma flor, um cavalo ou um homem, retenho a imagem de sua figura, forma, cor, etc. depois. Assim, tenho agora uma idéia frouxa do sol à meia-noite e de uma rosa no inverno; sei como tal árvore, como tal cavalo ou tal homem se parece, embora não tenha nenhum deles diante de meus olhos. Esse poder da mente é chamado imaginação e memória, o que implica uma consciência da impressão original (embora, de fato, a palavra memória possa implicar a reunião de objetos tanto intelectuais quanto sensíveis, mas principalmente daqueles por meio destes, o que também é chamado reminiscência) e essas idéias da imaginação pode-se verdadeiramente dizer que são imagens ou ilustrações das idéias ou objetos imediatos dos sentidos. Somos, além disso, conscientes de um poder pelo qual não podemos apenas imaginar coisas como sendo o que realmente são na natureza, mas podemos também juntar tais partes e propriedades das coisas, como nunca coexistiram na natureza, mas são apenas criaturas de nossas mentes, ou quimeras, como a cabeça de um homem com um corpo de cavalo, etc., o que também precisa ser atribuído à imaginação, exceto quando influenciado pela vontade.

Do Intelecto Puro e suas Ações

Mas além desses poderes dos sentidos e da imaginação, temos consciência daquilo que é chamado puro intelecto ou o poder de concepção de objetos espirituais ou abstratos e as relações entre nossas várias idéias e concepções e as várias disposições, realizações e ações de nossas mentes e as noções complexas resultantes de todas elas; de tudo o que não podemos apropriadamente dizer que temos idéias, sendo elas de uma espécie inteiramente diferente daquela dos objetos dos sentidos e da imaginação, as quais eu chamaria antes de noções ou concepções. E elas são tanto simples, tais como percepção, consciência, volição, afeição, ação, etc., ou complexas como espírito, alma, deus, causa, efeito, proporção, justiça, caridade, etc. E de tudo isso, e o que se relaciona com isso, consiste todo o mundo espiritual ou moral. Mas para melhor se compreender ou conceber isso, é necessário perseguir e explicar mais particularmente esses poderes intelectuais e ativos, a respeito dos quais temos consciência, tais como:

1. A simples apreensão de objetos e suas várias relações, conexões e dependências, surgindo de nossas comparações, de nossas idéias e concepções de uma com a outra.

2. Julgando verdadeiro ou falso, conforme as coisas parecem concordar ou discordar, estar ligadas ou não umas com as outras.

3. Raciocinando ou deduzindo uma coisa de outra e ordenando-as de acordo com suas conexões e ordem: tudo o que é assunto da lógica. Ao que se segue:

a) Gostando ou não delas, conforme parecem boas ou más, agradáveis ou não, i.e., ligadas ao prazer ou ao desconforto.

b) Desejando ou não, escolhendo ou recusando, conforme gostemos delas ou não.

c) Liberdade de ação ou repressão de ação em conseqüência do julgamento e escolha que fizemos: tudo isso é objeto da ética. É necessário definir todos esses termos e dar algum valor a esses vários atos e realizações de nossas mentes (que, tanto quanto aqueles dos sentidos, consciência, imaginação e memória acima mencionados, são apenas as inúmeras modificações delas) para aquilo que vem a seguir.

Da Luz Intelectual ou Evidência Intuitiva

Mas, antes de prosseguir, deveria, para isso, observar primeiro que tão logo qualquer objeto atinja os sentidos ou é recebido em nossa imaginação ou apreendido por nossa compreensão, ficamos imediatamente conscientes de uma espécie de luz intelectual dentro de nós (se posso chamá-la assim), por meio da qual não apenas sabemos que percebemos o objeto, mas diretamente nos aplicamos a considerá-lo, tanto em si mesmo, suas propriedades e poderes, quanto nas suas relações com todas as outras coisas. E verificamos que, como somos capazes, através dessa luz intelectual, de perceber esses objetos e suas várias relações, de maneira semelhante à dessa luz sensível, somos capazes de perceber os objetos dos sentidos e suas várias situações; assim, nossas mentes são tão passivas a essa luz intelectual quanto o são à luz sensível e não podem mais resistir à evidência dela quanto não podem resistir à evidência dos sentidos.

Desse modo, tenho a mesma necessidade de concordar com isso, que sou ou tenho uma existência e que percebo e livremente me empenho, pois estou concordando com isso, que vejo cores e ouço sons. Estou tão perfeitamente seguro de que 2 + 2 = 4 ou que o total é igual a todas as suas partes quanto de que sinto calor ou frio ou que vejo o sol quando olho para ele num dia claro, i.e., intuitivamente tenho certeza de ambos. Essa luz intelectual concebo como se fosse um meio de conhecimento, como a luz sensível o é para a visão: em ambas há o poder de percepção e o objeto percebido e este é o meio pelo qual sou capaz de conhecê-lo. E essa luz é única e comum a todos os seres inteligentes e ilumina todo homem que vem a este mundo, tanto um chinês ou japonês quanto um europeu ou americano, tanto um anjo quanto um homem, e pela qual todos eles vêem a mesma coisa como verdadeira ou correta em todos os lugares e ao mesmo tempo e do mesmo modo invariavelmente em todos os tempos, passado, presente e futuro.

De onde isso Deriva

Agora, se fosse perguntado de onde deriva essa luz, pela qual todas as mentes criadas imediatamente percebem, como por um padrão comum, as mesmas coisas semelhantes como verdadeiras e corretas. Respondo que não tenho outro modo de conceber como sou afetado por essa luz intelectual intuitiva, da qual tenho consciência, do que por derivá-la da presença e ação universais da Divindade ou uma perpétua comunicação com o grande pai das luzes ou, antes, sua palavra e espírito eternos exibindo-se e expressando-se. Pois sei que não sou o autor dela por mim mesmo, sendo passivo e não ativo em relação a ela, embora seja ativo em conseqüência dela. Portanto, embora não possa explicar a maneira pela qual estou sob a impressão dela (como tampouco posso explicar aquela dos sentidos), humildemente concebo que Deus tão verdadeira e imediatamente ilumina minha mente internamente para conhecer esses objetos intelectuais quanto o faz pela luz do sol (Seu representante sensível), capacitando-me a perceber objetos sensíveis. Desse modo, aquelas expressões são, de fato, não menos filosóficas do que religiosas, pois Deus é luz e em Sua luz vemos a luz. E esse conhecimento intuitivo, tão longe quanto vai, precisa ser os princípios primeiros, a partir dos quais a mente se eleva e sobre os quais progride em todos os seus aperfeiçoamentos de raciocínio e descoberta tanto da verdade em especulação quanto do direito em ação, de modo que essa luz intelectual precisa ser básica e cuidadosamente observada, se evitássemos e estivéssemos a salvo tanto do erro quanto do vício. Essa maneira de pensar não precisa ser suspeita por causa do entusiasmo, sendo ela o curso estabelecido ou lei da natureza, de acordo com a qual a grande mente do pai nos iluminou e aquela nas coisas em sua própria natureza capaz de evidência clara, enquanto entusiasmo implica um imaginário, como a revelação é uma luz adventícia real e bem provada, acima e além da lei estabelecida ou curso da natureza, descobrindo verdades de outro modo não conhecíveis e dando direções ou regras ou impondo regras de ação arbitrárias nas coisas ou assuntos de mera instituição. E a partir dessa luz intelectual intuitiva, derivamos (como concebo) do que chamamos de discernimento e julgamento e, em relação à moral, o que alguns chamam de senso moral ou consciência, que é apenas uma espécie de sentido intuitivo rápido ou apreensão do decente e cordial, de beleza e deformidade, de verdadeiro e falso e de certo e errado ou dever e pecado; e é o principal negócio da cultura, da arte e da instrução despertar e voltar nossa atenção para ela e nos auxiliar nas deduções que a partir dela fazemos.

* * * * *

Samuel Johnson
(1709-1784)

Considerado uma das figuras mais importantes do século XVIII, escreveu poemas satíricos, romances, provérbios e obras críticas. Seus escritos eram sempre caracterizados pela clareza e disciplina.
Detentor de cultura vastíssima, Johnson questionava tudo, expressando visões minoritárias e impopulares como rejeição ao colonialismo, maltrato de povos indígenas e escravidão. Também mostrou-se contra o tratamento recebido por prisioneiros de guerra, prostitutas e pessoas pobres. Diz-se ainda que ele tentou salvar do enforcamento, alicerçado por sua fama e influência, um falsificador confesso.
Seus provérbios tornaram-no o escritor mais citado depois de Shakespeare.

---

3. Informações obtidas pela internet: www.britannica.com.

Benjamin Rush

Sobre Liberdade e Necessidade[4]

Não é absurdo mencionar *passado* ou *futuro* quando falamos do conhecimento da Divindade? Pode qualquer coisa ser passado ou futuro para um ser que existe de eternidade a eternidade? Para *Ele* não são passado, presente e futuro um eterno *agora*? Não é o tempo apenas uma idéia finita e passado e futuro não são conhecíveis apenas para seres finitos? As ações morais do homem não podem, então, aparecer tão completas para a Divindade na criação quanto o mundo *material*? Vejo os objetos de um plano à minha frente como se eu estivesse perto dele. Minha visão deles não tem influência sobre sua forma ou distância. O mesmo provavelmente ocorre com a Divindade em relação às ações preexistentes. O homem imperfeito, através da *memória*, vê eventos passados, um poder maravilhoso numa mente finita! Um ser perfeito não pode ver eventos futuros da mesma maneira? Todos eles têm existência na mente eterna. *Não há nada* verdadeiramente *novo* nas ações, não mais do que nas verdades *sob o sol*. Não pode haver contingência com a Divindade — tudo é fixo e imutável com Ela —, causa e efeito, *motivo* e *ação*,

---

4. *Letters and Thoughts*, 53-6. Rush pretendia que estes fossem acrescentados a *An Inquiry into the Cause of Animal Life*.

criação e preservação, tudo um simples objeto e uma simples ação. Então a morte de nosso Senhor é descrita "como o cordeiro morto desde a fundação do Mundo". Esse evento, como todas as ações morais, teve sua *conclusão* em Sua criação. Daí dizer-se que 1.000 anos para Ele são como um dia e que Ele não é negligente em Suas promessas como julgam alguns. Por quê? Porque promessa e realização com Ele são uma e a mesma coisa. A perfeição da Divindade exige essa solução dessa doutrina. *Presciência* é apenas um termo humano, mas, como muitos outros, aplicado à Divindade para se ajustar às nossas fracas capacidades. Profecias são para Ele coisas presentes — para nós, coisas futuras; daí sua grande precisão. É impróprio e desonroso para a Sua gloriosa Unidade em existência bem como em natureza. É impossível que as questões fossem diferentes. A sucessão pertence apenas ao homem. Deus não pode saber nem fazer nada em sucessão. Muito menos por necessidade. Mas tudo isso é compatível com a mais perfeita liberdade. O conhecimento que Deus tem das ações flui de um perfeito conhecimento da união entre causa e efeito na criação. Tudo ainda é livre. Um artista pode, a partir da construção de uma máquina, falar exatamente de seus ruídos e sem tocá-la, após suas rodas serem colocadas em movimento, embora ele ainda a sustente em suas mãos. Ainda vivemos, nos movemos e temos nossa existência em *Deus*. Para termos apenas idéias sobre esse assunto precisamos freqüentemente recorrer à identidade de Deus, tanto em existência quanto em natureza. "Conhecê-lo é conhecer todas as suas obras" tanto de ações morais quanto de natureza "desde o início". As ações morais são mais importantes, pois pretendia-se que elas preparassem o caminho para a exibição de suas perfeições na cruz. Essa idéia não destrói a responsabilidade do homem. Ele ainda é livre. Sua liberdade é essencial à necessidade; caso contrário, sua ação não teria natureza moral e não poderia ser objeto de perdão e para esse único propósito o mal existiu. Ele precisa ser livre para ser um crime e os crimes existiram não por amor a uma justiça vingadora numa punição interminável, mas a partir da exibição do amor pela justiça em interminável e universal felicidade. Isso remove todos os temores e dificuldades sobre necessidade moral. Era necessário que o homem caísse em pecado. Da mesma forma foi necessário que ele fosse *livre* ou não teria pecado. Portanto, liberdade e necessidade são ambas verdadeiras e necessárias para se avançar com a devida consistência em todos os gloriosos atributos de Deus. Essa união de liberdade com necessidade pode ser ilustrada com um simples exemplo. Exijo o perfeito conhecimento e experiência de um homem em construções e, então, secretamente transfiro para suas mãos a planta de uma casa. Cada passo desse homem na construção dessa casa é previsto por mim e, contudo, nenhuma influência é exercida sobre sua vontade. Eis a necessidade e a liberdade unidas. Daí somos levados a explicar uma passagem difícil do Gênese. Adão era bom, mas não conhecia o bem até que conheceu o mal. Cristo conhecia o bem e o mal em sua criação, o último tanto por *imputação* quanto quando Ele o expiou na cruz. Adão tornou-se como Cristo ("ou um de nós") ao comer do fruto proibido. Ele conheceu o mal pela triste experiência e o bem pela promessa da prole da mulher esmagando a cabeça da serpente. A queda em pecado foi o portão que abriu o céu ao homem. Falar do que o homem foi ou que teria sido se nunca tivesse pecado é falar sem razão ou Escritura. Considero tudo o que tem sido escrito sobre tal assunto como romances calvinistas, contrários e injuriosos à sabedoria e mandamentos de Deus. A glória de Deus pela redenção foi o término da criação do homem. O pecado do homem foi um acessório para a exibição dessa glória. Foi o segundo estágio (na concepção do homem) do trabalho, não o primeiro como geralmente se descreve. O mal, então, serve apenas para produzir mais bem. Sob todas as circunstâncias, a *existência* é uma bênção infinita. Existir como uma gota d'água, ser o objeto da bondade criadora, atrair a observação divina de qualquer maneira é infinitamente preferível à não existência. Adão era bom, mas sabia pouco de Deus ou do bem. O mundo era parte dele, o domínio sobre ele lhe foi dado. Agora, Deus é dado ao homem em vez do mundo.

* * * * *

Benjamin Rush
(1746-1813)

Estudou medicina no College of New Jersey e posteriormente sob orientação de Joseph Black en Edimburgo, onde colou grau em 1769. Foi professor de Química no College of Philadelphia até o ano de 1789, quando assumiu a cátedra de Teoria e Prática de Física.

Como médico acreditava que muitas doenças eram causadas por hipertensão arterial e tornou-se entusiasta das sangrias como técnica terapêutica. Posteriormente, interessou-se pelas moléstias mentais e tornou-se responsável pelo sanatório do Pennsylvania Hospital em 1787. É sua a primeira obra americana de psiquiatria: *Medical Inquiries and Observations Upon the Diseases of the Mind* (1812).

Rush foi defensor entusiasta da independência americana, sendo um dos signatários da Declaração da Independência e, além disso, abolicionista e fundador do Dickinson College, voltado à educação feminina.

John Taylor

Uma Pesquisa dos Princípios e da Política do Governo dos Estados Unidos

Aristocracia

O sistema político do Sr. Adams deduz o governo de um destino natural; a política dos Estados Unidos o deriva da liberdade moral. Cada evento procedente de um motivo pode, num sentido moral, ser denominado natural. E nesta visão, "natural" é um termo que cobrirá todas as qualidades humanas. Portanto, com receio de que os termos "natural e moral" não possam sugerir uma idéia correta dos princípios opostos, que produziram sistemas políticos rivais, é um propósito básico averiguar o sentido em que são empregados.

Supomos que o homem é composto de duas qualidades, distinguíveis uma da outra: matéria e mente. Pela mente analisamos os poderes da matéria; pela matéria não podemos analisar os poderes da mente. Sendo a matéria um agente de poder inferior ao da mente, seus poderes podem ser averiguados pela mente; mas, sendo a mente um agente de poder soberano, não há poder capaz de limitar sua capacidade. O assunto não pode ser um mênstruo adequado à sua própria solução. Portanto, como não podemos analisar a mente, em geral se admite que seja uma qualidade supranatural.

Para as atividades humanas, surgindo do poder mental de abstração, aplicamos o termo "moral"; para o efeito direto e imediato da matéria, independente de abstração, são empregados os termos "natural" ou "físico". O Sr. Adams deveria proibir a aplicação dessa distinção à sua teoria, dizendo que, quando falamos de sistemas políticos naturais, ele se refere tanto aos poderes físicos como os mentais do homem e inclui o que o termo "moral" pode alcançar; eu respondo que é incorreto confundir numa massa só os poderes de mente e corpo, para circunscrever aqueles da mente, através da aplicação ao conjunto do termo "natural", se for impossível para a mente limitar e averiguar seus próprios poderes.

Se a mente humana é capaz de circunscrever seus próprios poderes, é uma questão entre os dois partidos políticos modernos. Um deles (do qual o Sr. Adams é discípulo) afirma que o homem pode averiguar sua própria capacidade moral, deduz conseqüências a partir desse postulado e daí constrói esquemas de governo — correto, dizem eles, porque natural. O outro, observando que aqueles que afirmam a doutrina nunca foram capazes de concordar com essa forma natural de governo e que a natureza humana tem estado perpetuamente se evadindo de todas as formas, considera o governo igualmente capaz de modificação e aperfeiçoamento desconhecido a partir de causas morais.

Para ilustrar a questão, vamos confrontar a opinião do Sr. Adams de que "a aristocracia é natural e, portanto, inevitável" com aquela que diz que "é artificial ou faccioso e, portanto, evitável". Ele parece usar o termo "natural" para transmitir uma idéia distinta de moral, ao ligá-lo à idéia de fatalidade. Mas as causas morais, sendo capazes de modificação humana, os eventos fluindo a partir delas, possuem a qualidade da liberdade ou evitação. Como os esforços morais, pelos quais a ignorância ou conhecimento são produzidos, são eles mesmos assuntos de eleição, a ignorância e o conhecimento são causas morais poderosas. Portanto, se pelo termo "natural" o Sr. Adams pretende incluir "moral", a idéia de "fatalidade" está incorretamente associada a ele; e se ele se submete a essa idéia, a infalibilidade de seu sistema, já que é natural, precisa também se submeter.

Que ele precisa submeter sua predestinação política e todas as suas conseqüências, tentarei provar, por demonstração, que as aristocracias, tanto antigas quanto modernas, têm sido variáveis e artificiais; que todas elas procedem da moral, não de causas naturais, e que são evitáveis e não inevitáveis.

Uma opinião de que "a natureza faz reis ou nobres" tem sido o credo de fatalistas políticos desde o início do partido e confronta-se com seu credo rival, que "liberdade e escravidão são reguladas por lei política". Embora o Sr. Adams possa falar ligeiramente de Filmer, é uma opinião na qual eles são associados e é selecionada para discussão, porque por sua verdade ou falsidade a tolice ou sabedoria da política dos Estados Unidos é determinada.

Na busca de tais objetivos, far-se-á uso freqüente da palavra "aristocracia", porque as idéias atualmente ligadas a ela a tornam mais significativa do que qualquer outra.

O Sr. Adams constrói seu sistema sobre duas afirmações: "Há apenas três formas genéricas de governo: monarquia, aristocracia e democracia, das quais todas as outras formas são misturas; e toda sociedade produz naturalmente uma categoria de homens, à qual é impossível confinar a uma igualdade de direitos". Poder político exercido por um só homem, sem divisão ou responsabilidade, é monarquia; o mesmo poder exercido por uns poucos é aristocracia; e o mesmo poder exercido por toda uma nação, é democracia. E a semelhança de nosso sistema de governo a uma dessas formas depende da semelhança de um presidente ou governante a um monarca; de um senado americano a uma ordem hereditária e de uma casa de representantes a uma nação legislante.

A essa tripla semelhança o Sr. Adams tem se agarrado para colocar o sistema político da América dentro do território do sistema inglês de controle mútuo, ao seguir a análise de antigüidade; e em obediência a essa autoridade, ao transformar nossos governantes responsáveis, temporários, eletivos, em monarcas; nossos senados em ordens aristocráticas e nossos representantes em uma nação exercendo pessoalmente a função de governo.

Se os termos "monarquia", "aristocracia" e "democracia", ou um, alguns e muitos, são apenas numéricos, ou se são características, como o cálice, a pétala e os estames das plantas; ou complicados pela idéia de um equilíbrio; nunca foram, contudo, simples ou coletivamente usados para descrever um governo deduzido de bons princípios morais.

Se somos incapazes de descobrir em nossa forma de governo qualquer semelhança com a monarquia, aristocracia ou democracia, como definidas pelos autores antigos e pelo próprio Sr. Adams, ele não pode ser composto por todas, mas precisa estar enraizado em algum outro elemento político; daí segue-se que a opinião, que supõe monarquia, aristocracia e democracia, ou misturas delas, constituindo todos os elementos de governo, é um erro que produziu uma classificação numérica ou exterior, em vez de uma baseada em princípios morais.

Por esse erro, os esforços morais da humanidade em direção ao aperfeiçoamento político têm sido restritos e frustrados. Sob cada modificação de circunstâncias, tem se permitido universalmente que esses três princípios genéricos de governo, ou a mistura deles, compreendam toda a extensão da volição política; e enquanto a liberdade, apreciada por todas as outras ciências, produziu uma série de descobertas maravilhosas, a política, circunscrita por uma opinião universal (como a astronomia o foi durante séculos), permaneceu estacionária desde as primeiras épocas até a revolução americana.

Será um esforço deste ensaio provar que os Estados Unidos refutaram o antigo axioma, que "monarquia, aristocracia e democracia são os únicos elementos de governo", cultivando seus princípios morais, sem qualquer referência a tais elementos e que, demolindo a barreira que até aqui obstruía o progresso da ciência política, clarearam o caminho para o aperfeiçoamento.

O sistema do Sr. Adams não promete nada. Fala-nos que a natureza humana é sempre a mesma: que a arte do governo não pode nunca mudar; que é controlada por três princípios simples e que a humanidade precisa ou sofrer os males de um desses princípios simples, como em Atenas, Veneza ou Constantinopla, ou aqueles dos mesmos princípios compostos, como em Londres, Roma ou Lacedemônia. E ele gravemente adiciona várias vítimas do furor democrático, como provas de que a democracia é mais perniciosa do que a monarquia e a aristocracia. Tal cômputo é um espectro, calculado para impedir nossos esforços e intimidar nossas esperanças na busca do bem político. Se estiver correto, que motivos de preferência permanecem entre as formas de governo? Por um lado, o Sr. Adams chama nossa atenção para centenas de sábios e virtuosos patrícios, vítimas mutiladas e sangrantes da fúria popular; por outro lado, ele poderia ter exibido milhões de plebeus, sacrificados ao orgulho, loucura e ambição da monarquia e aristocracia; e para completar o quadro ele deveria ter colocado bem diante de nós os efeitos desses três princípios misturados nas guerras, rebeliões, perseguições e opressões da forma inglesa, celebrada pelo Sr. Adams como a mais perfeita das classes mistas de governos. É possível nos convencer de que somos compelidos a escolher um desses males? Depois de termos descoberto os princípios de governo, distintos da monarquia, aristocracia ou democracia, na experiência de sua eficácia e na alegria de seus benefícios, podemos ser persuadidos a renunciar à descoberta a restabelecer os antigos princípios da navegação política e a dirigir o povo a desastres, contra o que todas as eras passadas pateticamente nos avisaram? Admite-se que o homem, fisicamente, é "sempre o mesmo", mas nega-se que seja assim moralmente. Sobre a verdade ou erro dessa distinção dependerá até certo grau a verdade ou o erro do modo de raciocinar do Sr. Adams e deste ensaio. Se não é verdadeiro, então a nuvem de autoridades reunidas por ele, de todas as épocas, é evidência irrefutável para estabelecer o fato de que a miséria política é inevitável, porque o homem é sempre o mesmo. Mas se as qualidades morais da natureza humana nem sempre são as mesmas, mas são diferentes tanto nas nações quanto nos indivíduos e se o governo deve ser construído em relação a essas qualidades morais e não em relação a ordens facciosas, tais autoridades não produzem uma conclusão tão deplorável. A variedade de espécies e graus de miséria política é a única evidência conclusiva de graus distintos de caráter moral, capaz de esforços morais desconhecidos.

    Supondo que nenhuma das anotações do Sr. Adams foi tirada de autores poéticos e de fábulas, que nenhuma dúvida possa existir da verdade daqueles fornecida por historiadores antigos e que eles não tenham sido escolhidos para destramente se ajustar a uma hipótese; contudo, todo o seu peso teria dependido da similaridade de circunstâncias morais entre os povos da América e aqueles da Grécia, Itália, Suíça, Inglaterra e uma multidão de países, reunidos a partir de todas as eras em nosso teatro moderno.

    Será que os americanos se reconhecem num grupo de godos, vândalos, italianos, turcos e chineses? Se não, o homem não é sempre moralmente o mesmo. Então não é verdade que ele requer o mesmo regime político. E, daí, segue-se uma conclusão de peso considerável: derrubar o fundamento do sistema do Sr. Adams; pois pela prova, se ele o tivesse provado, que seu sistema era adequado àqueles homens e àqueles tempos, empregados por ele a título de ilustração, ele prova que não é adequado aos homens e tempos de circunstâncias e características morais diferentes.

Os traços de diversidade e originalidade intelectuais, os matizes e inovações do caráter humano, entre o filósofo e o selvagem, entre diferentes países, governos e épocas, exibem uma complexidade que o político e o filólogo nunca foram capazes de desemaranhar. Fora dessa variedade intelectual, surge a impossibilidade de produzir uma forma de governo apropriada a cada nação e também o fato de que a natureza humana, em vez de constantemente gerar uma forma, demonstra sua capacidade moral na ampla variedade de suas produções políticas.

Tendo informado o leitor, pelas observações gerais, dos princípios políticos a serem defendidos ou atacados neste ensaio e que se fará um esforço para provar que a política dos Estados Unidos está enraizada em princípios morais ou intelectuais e não em classes, clãs ou castas, naturais ou facciosas, este esforço precisa ser postergado até que o caminho esteja aberto para ele, através de uma revisão mais particular do sistema do Sr. Adams. A este, portanto, retorno.

Ele supõe "que toda sociedade precisa *naturalmente* produzir uma classe aristocrática de homens, que será impossível confinar a uma igualdade de direitos com outros homens". Para determinar a verdade dessa posição, é preciso fazer uma investigação sobre o modo pelo qual essas classes foram produzidas naqueles países, colocadas diante de nós pelo Sr. Adams como objeto de terror ou imitação.

Para compreender corretamente a questão, é apropriado ouvir o que o próprio Sr. Adams estabelece. Ao longo de seu livro, aparece constantemente como constituindo o grande princípio sobre o qual seu sistema se baseia; mas aqui pode aparecer apenas numa citação, selecionada por ser concisa, explícita e inequívoca.

Essas fontes de desigualdade [diz ele], que são comuns a todos os povos e que podem nunca ser alteradas por alguém, porque estão baseadas na constituição da natureza, esta aristocracia natural dentro da humanidade vem se dilatando, porque é um fato essencial a ser considerado na constituição de um governo. É um corpo de homens que contém a maior reunião de virtudes e habilidades num governo livre; a glória e o ornamento mais brilhantes de uma nação e pode sempre ser tornado a maior bênção da sociedade, se for judiciosamente administrado em sua constituição. Mas se não for, sempre será muito perigoso; pode-se ainda acrescentar que ele nunca falha em ser a destruição da comunidade. O que é preciso fazer para nos resguardarmos dele? Há apenas um expediente até agora descoberto para dar à sociedade todos os benefícios deste corpo de homens, que eles são capazes de proporcionar, e ao mesmo tempo impedi-los de enfraquecer ou invadir a liberdade pública e que é atirá-los todos, ou pelo menos os mais notáveis deles, numa assembléia na legislatura, para manter todo o poder executivo inteiramente fora de suas mãos, enquanto corpo; para instituir um primeiro magistrado acima deles investido com toda a autoridade executiva; para torná-los dependentes desse magistrado executivo para todos os empregos executivos públicos; para dar a esse magistrado um veto sobre a legislatura, pelo qual possa defender tanto a si mesmo quanto o povo de todos os empreendimentos da legislatura e para instituir, no outro lado deles, uma barreira inexpugnável contra eles numa casa dos comuns absoluta, total e adequadamente representando o povo, que terá o poder de negar todas as suas tentativas de transgressões na legislatura e de impedir tanto a eles quanto à coroa todas as verbas, pelas quais eles possam ser pagos por seus serviços nos escritórios executivos ou mesmo o serviço público realizado em detrimento da nação.

Esse é o texto que me proponho a comentar, incidentalmente considerando vários dos argumentos pelos quais sua doutrina é defendida sem a formalidade de freqüentes citações. Ele contém a substância do sistema do Sr. Adams e é evidentemente a forma inglesa de governo, exceto quanto a uma representação igual do povo na proposta casa dos comuns.

Os Princípios da Política dos Estados Unidos e da Política Inglesa

Antes de procedermos à consideração da política dos Estados Unidos, é necessário descobrir uma análise política baseada em algum princípio moral, porque o governo está tão estritamente sujeito à moral quanto um ser físico está às leis físicas da natureza. Pessoas não são princípios e, daí, as operações da monarquia, aristocracia e democracia (governos baseados em pessoas) estão flutuando, geralmente más, mas algumas vezes boas; enquanto os efeitos de um princípio moral são sempre os mesmos. O Sr. Adams, porém, adota a antiga análise dos governos; afirma que ela compreende todas as formas genéricas e acrescenta que "toda a sociedade naturalmente produz uma categoria de homens que é impossível confinar a uma igualdade de direitos" e constrói seu sistema sobre as fundações dessa antiga análise e de uma aristocracia natural ou inevitável. Se a sociedade não pode existir sem aristocracia (como não pode, se a aristocracia é natural à sociedade), então a democracia e a monarquia não podem ser formas genéricas de governo, a menos que possam existir sem a sociedade ou com a aristocracia. Esse desacordo entre a análise antiga e um sistema assentado sobre ela, no início de sua associação, e a idéia do Sr. Adams de que uma de suas formas genéricas de governo era uma conseqüência natural da sociedade, sem afirmar que as outras não o eram, levantam dúvidas sobre a correção dessa análise. Se monarquia, aristocracia e democracia são todas formas naturais ou genéricas de governo, a natureza determinou sobre o governo misto do Sr. Adams que seus trabalhos em favor da vontade dela foi supérfluo; mas se uma dessas formas é artificial, não poderia ser natural ou genérica e uma invenção de uma forma pelo intelecto humano não constitui prova de que ele é incapaz de inventar uma outra. Os termos monarquia, aristocracia e democracia transmitem idéias adequadas de formas particulares de governo, mas são insuficientes para o propósito de revelar um governo que certamente será livre e moderado, uma vez que os efeitos de cada um dependem da administração de homens sábios e bons ou fracos e iníquos e, portanto, todas são baseadas no mesmo princípio, diferindo porém na forma. Isso tanto sugere uma dúvida a respeito da integridade da análise antiga quanto uma solução do fenômeno "que todas essas formas genéricas ou naturais de governo devem produzir maus efeitos". Os efeitos dessas três formas de governo são maus porque são todas baseadas em um princípio, a saber, um poder indivisível irresponsável, e esse princípio é mau. Desejamos uma análise distinguindo os governos quanto à substância e não limitado à forma.

As qualidades morais da natureza humana são boas e más. Uma análise baseada nessa verdade, porém geral, pode apenas determinar o caráter verdadeiro e prever os efeitos de qualquer forma de governo ou medida social. Toda forma e medida precisam ter uma tendência a estimular as qualidades morais boas ou más do homem e de acordo com suas fontes; assim será sua tendência em relação à certeza moral.

Por mais forte que seja a propensão moral do homem, serve para fazer o bem a si mesmo. Isso produz uma propensão a fazer o mal aos outros, por fazer o bem a si mesmo. Uma soberania do povo, ou autogoverno, é sugerida pela primeira propensão moral; responsabilidade, divisão e uma exclusão de monarquia e aristocracia, pela segunda.

Auto-amor, sendo o motivo mais forte para se fazer o mal aos outros, bem como o bem a nós mesmos, operará tão eficazmente para estimular um indivíduo ou uma facção a prejudicar uma nação por favorecer o próprio bem, quanto estimular uma nação a preservar sua própria felicidade. Portanto, enquanto o autogoverno nacional baseia-se na qualidade moral mais forte para produzir o bem nacional, todas as outras espécies de governo baseiam-se na qualidade moral mais forte para produzir o mal nacional.

A objeção a essa análise é que as nações podem oprimir os indivíduos ou as minorias. Uma imperfeição não destrói a superioridade comparativa e deve ser encontrada numa forma de governo baseada na qualidade do amor de uma nação por si mesma, não diminuirá os defeitos das formas, baseada no auto-amor de indivíduos ou minorias, se essas muito provavelmente oprimem as maiorias tanto quanto as maiorias as oprimem.

A qualidade, o auto-amor, estimula em proporção ao bem ou gratificação em vista. Esse aspecto para um indivíduo ou minoria, tendo o poder de extrair o bem ou a gratificação de uma nação, precisa ser infinitamente mais atraente do que para uma nação, tendo o poder de extrair o bem ou a gratificação de um indivíduo ou uma minoria, e como estímulo para prejudicar outros para nos gratificarmos estará na proporção à extensão da gratificação, segue-se que um indivíduo ou minoria muito mais provavelmente oprimirá uma nação para a autogratificação do que uma nação, com a mesma finalidade, oprimirá um indivíduo ou uma minoria.

A certeza com a qual as inferências morais fluem de causas morais é ilustrada por um cálculo dos casos, nos quais a qualidade do auto-amor induziu nações a oprimir indivíduos ou estes a oprimir aquelas. A anomalia de uma nação estar se tornando uma tirania sobre um indivíduo estaria mais próxima de um caráter de prodígio do que mesmo aquela da monarquia ou aristocracia preferindo a gratificação ou bem nacional ao seu próprio.

É a partir do desejo de alguma verificação para determinar se uma forma de governo, ou lei, está baseada nas qualidades boas ou más do homem que os discípulos da monarquia, aristocracia e democracia entraram no campo da controvérsia com tanto zelo. Cada um, embora cego aos defeitos do sistema que defende, por educação, hábito ou uma suposta necessidade de se alistar sob uma delas, discerne claramente os defeitos do sistema esposado por seu adversário e despreza-o por uma cegueira semelhante à sua própria. Que monarquia, aristocracia e democracia irão tornar os homens miseráveis é universalmente aceito por dois em cada três membros dessa análise e um efeito contrário deste é admitido por dois a um como estando fora do curso normal de eventos. Uma violação da relação entre causa e efeito desperta a admiração da humanidade sempre que um efeito moral bom procede de um governo baseado em qualidades morais más.

Não é suficiente para a ilustração de nossa análise que um efeito bom proveniente ou da monarquia ou da aristocracia ou da democracia seja por essa maioria considerado como um fenômeno; umas poucas razões, prestando esclarecimentos correspondentes aos princípios dessa análise, serão acrescentadas.

Monarquia e aristocracia possuem a tendência mais forte do que qualquer situação humana concebível de estimular a má qualidade moral ou a propensão de prejudicar os outros em benefício próprio, tanto pela magnitude da tentação quanto pelo poder de alcançá-la. Uma longa relação de qualidades morais daninhas está incluída nisso. Tais formas de governo estão, portanto, fundadas nas qualidades morais nocivas do homem e não é natural que qualidades morais danosas produzam efeitos morais bons.

* * * * *

A natureza maléfica inerente da monarquia, aristocracia e democracia pode apenas fornecer uma solução para o fato, testemunhada por toda a história, "que cada uma separadamente, ou duas e as três misturadas produziram uniformemente efeitos prejudiciais, que conduziram a humanidade a inúmeras mudanças e modificações". Tudo isso resultou em desapontamento, porque efeitos benéficos não poderiam ser obtidos de maus princípios. Finalmente, todos os filósofos, políticos e homens eruditos aprenderam, pela experiência, a unir suas opiniões. Universalmente concordam que monarquia, aristocracia e democracia, agindo separadamente, produzirão mal às nações; concordam que quaisquer duas delas atuarão opressivamente e também que as três, contudo misturadas, excluindo a idéia moderna de representação, também atuarão opressivamente. É então possível que a antiga análise dos sistemas políticos que, separadamente ou combinados, apresentou apenas uma forma de governo agora universalmente conhecida como danosa teria sido correta?

A partir da crença de que uma análise política existe, capaz de arranjar todas as formas de governo em duas classes, uma enraizada no bem e a outra em qualidades morais daninhas e que a monarquia, aristocracia e democracia, isoladamente ou unidas, pertencem à última classe, a idéia foi trazida diante do leitor como preparação para os argumentos destinados a provar que a política civil dos Estados Unidos precisa ser da primeira classe; que ela está, naturalmente, em inimizade com a mistura do Sr. Adams de monarquia, aristocracia e representação; mas que alguns de seus detalhes e leis estão em inimizade com seus princípios essenciais, por falta de uma análise distinta como um teste para averiguar sua natureza e seus efeitos. Uma posição discutida é que "as tentações políticas, que impelem ao vício, estão baseadas em princípios morais maléficos".

Solicita-se ao leitor, pela última vez, manter em mente que, neste ensaio, o termo "democracia" significa "um governo administrado pelo povo" e não "o direito do povo de instituir um governo nem a responsabilidade de magistrados para com o povo". O contraste da antiga análise entre suas três formas de governo é imperfeita, a menos que a democracia seja assim compreendida, uma vez que os dois termos opostos a ela são utilizados para especificar governos numericamente administrados. Monarquia e aristocracia significam governos administrados por um ou por poucos e não um direito de um ou de poucos para instituir um governo e torná-lo responsável pelo instituidor. Democracia também significa um governo administrado pessoalmente pelo povo. A distinção é considerada bastante útil por aliviar a mente de uma associação entre a soberania do povo e os males produzidos por uma nação exercendo as funções de governo.

Vamos agora seguir a linha deste ensaio. Tenho procurado provar que a aristocracia é artificial e não natural; que as aristocracias de superstição e prosperidade obtidas foram destruídas pelo conhecimento, comércio e alienação; que uma nova aristocracia surgiu durante o último século do papel e do patronato, de um caráter tão diferente daquele das classes nobres, como não ser comprimível dentro do sistema do Sr. Adams e que seu sistema é evidentemente defeituoso, ao ter silenciosamente omitido essa poderosa aristocracia agora existente na Inglaterra.

Por política civil dos Estados Unidos quero indicar as constituições geral e estaduais como formando um sistema. A maioria das constituições estaduais já existia quando o Sr. Adams escreveu e nenhum novo princípio foi introduzido por aqueles desde que foram criadas. As diferenças entre todas elas consistem apenas em modificações dos mesmos princípios. Muito imaterial é o anacronismo da aplicação do raciocínio do Sr. Adams à constituição geral, porque, se seu sistema é hostil a esta, precisa ter sido ainda mais às constituições estaduais que ele declarou defender; pois naquela as linhas executiva e senatorial são traçadas com uma tinta mais forte do que nestas.

O sistema do Sr. Adams é simplesmente "que a natureza criará uma aristocracia e que a política deveria criar um rei ou um único poder executivo independente e uma casa de representantes populares para equilibrá-lo.

Deixemos que uma das constituições estaduais fale mais. Aquela de Massachusetts declara:

Todos os homens nascem livres e iguais. Nenhum homem ou corporação ou associação de homens tem algum outro título para obter vantagens ou privilégios exclusivos e particulares, diferentes daqueles da comunidade, do que o que provém da consideração de serviços conferidos ao público. E sendo este título, in nature, nem hereditário nem transmissível às crianças ou descendentes ou relações de sangue, a idéia de um homem nascido magistrado, legislador ou juiz é absurda e não natural. O povo tem o único e exclusivo direito de se governar. O governo é instituído para o bem comum, para a proteção, segurança, prosperidade e felicidade do povo e não para o proveito, honra ou interesse privado de qualquer homem, família ou classe de homem. Para impedir aqueles que estiverem investidos de auto-

ridade de se tornarem opressores, o povo tem o direito, em tais períodos e de tal maneira, como estabelecerá, através de sua estrutura de governo, fazer seus funcionários públicos retornar à vida privada; e preencher os postos vagos através de nomeações e eleições certas e regulares.

Dois princípios são claramente expressos em todas elas; primeiro, que toda pessoa em autoridade é responsável e removível; segundo, que talentos, virtudes e poder político não são hereditários. Tais princípios são precisamente demolidos pelas opiniões de que a monarquia é divina e a nobreza natural; a primeira afirmada por Filmer; a última, pelo Sr. Adams. E eles tratam a idéia de poder hereditário, sustentada pelo Sr. Adams, como *"absurda e não natural"*.

As constituições constroem sua política sobre a base da igualdade humana — "todos os homens nascem livres e iguais" — e edificam as desigualdades artificiais do governo civil com uma visão de preservação e defesa da igualdade natural dos indivíduos. O Sr. Adams constrói sua política sobre a base da desigualdade humana por natureza — "aristocracia é natural" — e propõe produzir um nível ou igualdade artificial, não de indivíduos, mas de classes compostas por indivíduos naturalmente desiguais. Contudo, os discípulos do equilíbrio acusam os republicanos de nivelismo.

É necessário fixar uma idéia corrente ao termo "igualdade" afirmado pelas constituições e negada pelo Sr. Adams. Ela não significa igualdade de estatura, força ou compreensão, mas uma igualdade de direitos e deveres morais. As constituições não admitem desigualdade nesses direitos e deveres morais, exceto aquela produzida pelo poder temporário e responsável conferido "para o bem comum". O Sr. Adams admite uma desigualdade natural de direitos e deveres morais ao admitir uma aristocracia natural. As constituições estabelecem as desigualdades de poder temporário e responsável tendo em vista a manutenção de uma igualdade de direitos e deveres morais entre os indivíduos da sociedade e o Sr. Adams propõe classes tendo em vista a manutenção de sua desigualdade natural entre os homens, equilibrando ou igualando os direitos de classes.

As constituições consideram a nação como composta de indivíduos; o sistema do Sr. Adams, como composta por classes. A natureza, pelas constituições, é considerada como a criadora dos homens; em seu sistema, como criadora de classes. A primeira idéia sugere a soberania do povo e a segunda a refuta; porque, se a natureza cria as classificações um, poucos e muitos, a nação precisa ser composta por tais classificações e uma classificação, politicamente, é a terceiro partido de uma nação. Essas classificações compondo a nação têm, naturalmente, o poder de alterar a forma de governo a qualquer tempo, sem consultar o povo, porque este não constitui a nação. Uma ilustração dessa idéia ocorreu várias vezes na prática inglesa do sistema do Sr. Adams.

Os Princípios de Boa Moral do Governo dos Estados Unidos

O projeto dos sistemas de hereditariedade é destruir a moral de uma parte da comunidade pelo poder para preservar a moral do restante pelo despotismo. Daí é compelido a multiplicar punições para os crimes que causa e defender-se da punição por ter causado os crimes que pune. Ele corrompe a moral de poucos sob a pretensão de restringir os vícios de muitos e essa corrupção é a fonte de mais vício do que aqueles que o reprimem.

Nossa política tem limites mais amplos. Não é tão miseravelmente defeituosa, como tornar pior uma parte da nação ao tornar uma outra melhor. Ela considera o governo como o pretendido para melhorar a conduta e a felicidade de toda a nação; e em vez de deixar sem fazer metade do seu trabalho, propõe-se a terminá-lo ao providenciar a conduta e a felicidade daqueles que governam, bem como daqueles governados. Aplica a razão para o governo civil não de maneira parcial, mas geral; não para determinadas classes, mas para nações; não para indivíduos, mas para o todo. Essa razão simplesmente é que o controle da responsabilidade melhora a conduta e a felicidade da humanidade. Incapaz de ver uma distinção na natureza entre os homens, nosso sistema fez aquela descoberta feliz pela qual o controle salutar da responsabilidade pode ser estendido a cada indivíduo da nação. Em vez de deixar para alguns homens a orientação de uma vontade incontrolada ou num estado de natureza, ele sujeita todos à lei e, em vez de sublimar as qualidades maléficas da natureza humana ao seu grau mais elevado de acrimônia pelo poder não controlado, sujeita-o tanto dentro quanto fora do governo. Não tenta impedir uma víbora de morder pela irritação.

Se o homem é naturalmente virtuoso ou vicioso é uma questão, dado porém determinado, não apenas argumento a favor dos sistemas hereditários. Se a virtude mais transcendente dificilmente se prova contra a sedução do poder exorbitante, tais sistemas, em sua própria defesa, deveriam provar que a humanidade é, por natureza, virtuosa. Se é viciosa, seus controles deveriam ser multiplicados proporcionalmente ao seu poder de causar danos; se virtuosa, fortalece as razões derivadas do auto-amor por abandonar o poder moral, onde a natureza se reconhece física.

Estimada por sua simpatia, a natureza humana revela uma vasta preponderância de sensações virtuosas. Espontaneamente evita uma expressão de raiva e é dirigida para uma de alegria, embora ignorante da causa de ambas, porque uma é um emblema de vício e a outra de virtude.

Horrível ou ímpia, como a filosofia atômica pode ser, não pode ser mais assim do que a idéia de uma depravação natural no homem, tornando-o desqualificado para o autogoverno. Uma doutrina critica a existência de Deus; outra, seu poder ou bondade. Se o homem, a mais nobre criatura deste mundo, e se a mente, o mais nobre atributo dessa criatura, são ambos incorrigivelmente imperfeitos, a inferência de que o próprio mundo é uma obra má é inevitável. O caso do homem é sem esperança. Se é a criatura da malignidade ou imbecilidade e destinado a ser governado pelo diabo, naturalmente tão ruim e artificialmente tornado pior do que ele próprio, onde está o seu refúgio? Correrá para o sistema de hereditariedade, que o ensina a desanimar, ou seguirá aquele que lhe incute esperança? O sistema da hereditariedade, que tendo quase exclusivamente exercido o ofício de formar o caráter humano desde a criação do mundo, muito gravemente argumenta, enquanto razão, a favor deste regime, que sua obra é detestável.

Sobre esse coitado, o homem, tão ruim porém quanto possa ser, a natureza inequivocamente conferiu uma bênção. O sistema hereditário propõe privar o homem de tal bênção; nossa política usa-a como o princípio do governo civil; é o direito da autopreservação. Nenhum outro governo, antigo ou moderno, estabeleceu completamente a proteção desse direito. Em todos os outros, ele está acorrentado a combinações de classes ou interesses isolados por força ou fraude. Entre os governos que deixam às nações o direito de autopreservação e aqueles que o destroem, precisamos tomar posição para determinar de que lado reside a preferência. Uma visão coincidente de felicidade e miséria transformará presentemente essa linha até um amplo abismo, em cujo lado mais distante observaremos os governados de todas as outras nações expressando suas agonias. Iremos até eles porque não podem vir a nós? A restrição de governantes, ou as leis a eles impostas pela nação, neste ensaio denominada de política, constitui a distinção essencial entre a política dos Estados Unidos e aquela dos outros países. Maquiavel, ao decidir que "um governo livre não pode ser mantido quando o povo cresceu corrupto" e ao admitir a monarquia "por ser o corretivo próprio de um povo corrupto", discerniu tal distinção. Ele supõe classes próprias à manutenção da liberdade, enquanto o povo é virtuoso; e que elas são prejudiciais, quando o povo se torna corrupto; e tomando por certo que a liberdade não pode existir sem a virtude nem sem classes, ele condena todas as nações às classes ou à monarquia. Se viciosas, ele as sobrecarrega com classes políticas; se virtuosas, com um vingador em vez de um reformador. A história não relatou nem inventou fábulas de que monarcas ou demônios reformam o coitado submetido à sua prisão. Seu erro repousa em uma ignorância total de governos repressores. Nunca considerou se uma nação corrupta não poderia estabelecer um sistema político livre, como parceiros mercantis avarentos estabelecem artigos legais de parceria, e que seria de interesse da maioria assim fazer, porque sistemas políticos escravistas inevitavelmente roubam as maiorias; nem se esse interesse, unido ao senso comum, não induziria as maiorias, uma vez que elas não podem ser tiranos permanentes para absolvê-las da tirania. Classes e virtude nacional unidas, diz Maquiavel, produzem a liberdade; mas se a virtude desaparece, a liberdade cessa e sem ela a liberdade não pode existir. Classes, diz o Sr. Adams, produzirão a liberdade. Se no caso do dogma composto de Maquiavel, virtude e liberdade desaparecem, enquanto as classes permanecem, estas não eram a causa da liberdade. Se virtude e liberdade permanecem, após o desaparecimento das classes, como na América, as classes não causaram nem a virtude nem a liberdade. E se as classes produzirão a liberdade, de acordo com o Sr. Adams, não existe a necessidade de a virtude preservar a liberdade.

Essa confusão surge da substituição do artifício moral, que pode ser bom ou mau, pelos bons princípios morais. Virtude, ou bondade moral, pode subjugar um artifício moral maléfico e por um curto período preservar a liberdade nacional contra os assaltos de uma forma prejudicial de governo. A virtude nacional, permeando governantes e povo, como a virtude individual, é uma garantia de felicidade; e enquanto os escritores políticos nos dizem que uma assembléia de bons princípios morais, envolvida pelo termo virtude, produzirá seus efeitos naturais, nada falam a favor dos artifícios morais maléficos. O conhecimento geral da capacidade dos bons princípios morais de corrigir uma forma ruim de governo constitui um encorajamento à expectativa de uma capacidade de eles corrigirem maus governantes; e, daí, nossa política tem recorrido ao bom e virtuoso princípio moral da responsabilidade, ou um forte código de lei política, que pode existir e agir sobre governantes, se a nação compreende o próprio interesse, qualquer que seja o grau de virtude ou corrupção que possa estar estacionada, tanto teoricamente quanto de fato.

Se as classes (um artifício moral) devem tornar-se corruptas, são então, diz Maquiavel, prejudiciais à liberdade e ele recomenda uma dessas classes corruptas, um rei, como cura para o mal. Bolingbroke observa: "Em vez da admiração de que tantos reis, incompetentes e indignos de confiança como governantes da humanidade, aparecem no mundo, sou tentado a me surpreender com o fato de que haja algum tolerável"; e "um rei patriota é um rei milagroso". Se o artifício moral "classes" deve tornar-se corrupto, o remédio de Maquiavel é o milagre de Bolingbroke. Este está posicionado na primeira classe de escritores políticos. "Nada pode reprimir a propensão das classes de ferir a liberdade, exceto a virtude", diz Maquiavel. "Bons reis não são esperados pelas leis da natureza", diz Bolingbroke. Contudo, eles concordam a favor das classes. Cada um decide contra seu próprio raciocínio, porque, sendo ambos escravos da velha doutrina do um, poucos e muitos, não consideram a abolição de classes ou monarquia nem a invenção de uma restrição acertada sobre os vícios dos governos, agora praticamente ilustrada em cada estado da União. De fato, nenhum deles viu a diferença entre um artifício moral e um princípio moral. A alternativa de Bolingbroke, de uma monarquia hereditária ou eletiva, é desnecessária, porque ambas são artifícios morais maléficos, o que pode ser afastado por um sistema político baseado em bons princípios morais. Se inconveniências aparecem nos Estados Unidos sobre a eleição de presidentes, demonstram apenas que nossa abordagem tem estado muito próxima do artifício moral, chamado de monarquia eletiva, e que devemos desistir desse mau artifício moral e nos aproximar do bom princípio moral de uma divisão de poder. Nenhum desses escritores cogitou da menor idéia de uma política baseada em princípios morais bons e fixos, e trabalharam como Bayes, em sua dança do Sol, da Lua e da Terra, para inventar novas posturas para o triunvirato da velha análise política.

Bolingbroke diz que "a estabilidade absoluta não deve ser esperada em qualquer coisa humana; tudo o que se pode fazer, portanto, para prolongar a duração de um bom governo, é puxá-lo de volta, em toda ocasião favorável, aos *bons princípios primeiros* sobre os quais está baseado". O que ele quer dizer com trazer um governo de volta aos *bons princípios*, trazê-lo de volta à monarquia, aristocracia, democracia ou a alguma mistura delas? Não foi isso o que quis dizer, porque essas invenções humanas não são os próprios princípios, mas estão baseadas em ou são deduzidas de princípios. E se um deles ou qualquer mistura de dois ou de todos está baseada em bons ou maus princípios morais é assunto de controvérsia política imemorial. Se ele não quis dizer que um governo decadente devia buscar a regeneração em alguma dessas invenções humanas, a natureza moral delas ainda não tinha passado pelo teste dos princípios; ou que o teste constituía seu próprio objeto; ele explicitamente admitiu a existência de uma análise política, tanto a predecessora e juíza da antiga análise de governos como também de toda forma concebível que possa ser inventada. Sobre essa análise anterior encontra-se baseada a política dos Estados Unidos. Recorremos a ela como o teste usado para se descobrir se cada membro das antigas formas de governo ou qualquer mistura delas é bom ou mau. Não é um tribunal flutuante, mas permanente. Sua autoridade é divina e claras suas distinções. E se ele afasta a idéia errônea de que a humanidade está algemada à monarquia, aristocracia ou democracia como os únicos princípios de governo, o efeito da diminuição da instabilidade dos assuntos humanos por uma reunião de princípios imutáveis pode ser completamente antecipado.

Sem considerar os "bons princípios" como distintos das formas de governo, um retorno a elas, para a regeneração política, não poderia transmitir uma idéia única. Um governo pode começar na monarquia, aristocracia ou democracia e degenerar de uma para a outra. Retrocessos a e de todas as formas de governo podem ocorrer e, portanto, tais formas não poderiam ser pretendidas como "bons princípios", porque essas recessões flutuantes, sob tal idéia, tornariam boas e más todas as formas. A inabilidade da antiga análise em definir uma boa forma de governo e sua destituição de alguma orientação pela qual retornar ao porto da segurança, a partir de um oceano de corrupção, é então evidente. Ela apenas fala à humanidade, quando infeliz sob a monarquia, aristocracia ou democracia, para voltar de uma para a outra ou a alguma mistura delas. Enquanto a análise deste ensaio, através do arranjo de governos segundo os três princípios nos quais se baseia, revela o modo de sua preservação num estado de pureza e também o modo de restabelecer tal pureza sempre que estiver enfraquecida.

Embora a idéia de retornar aos *bons princípios primeiros* tenha sido repetida ao máximo, raramente é explicada ou aplicada honestamente nem nunca se confessou que a frase explode o antigo e sugere uma análise mais correta de governos. Sua precisão e poder é ilustrada pela suposição de que leis de incitação, ou uma aristocracia privilegiada, são desvios de nossos *bons princípios primeiros*. Como o desvio é descoberto? Arremessando-a no oceano da antiga análise e suas misturas? Não. Passando-a pelo teste da nova análise, baseada em princípios morais. Se é, então, descoberta, como as nações retornam a seus *bons princípios primeiros*? Pelo refúgio na monarquia, aristocracia, democracia ou uma mistura delas? Não. Repelindo leis desviantes de seus *bons princípios primeiros*. Uma dessas ilustrações também servirá para mostrar o erro e a fraude do artifício, pelo qual a humanidade tem sido persuadida a aprovar o seguinte silogismo: "O homem não pode possuir o livre governo, a menos que seja virtuoso; mas ele é vicioso; portanto, não pode possuir o livre governo", tão engenhosamente inventado e tão confortavelmente recomendado em todas as eras por reis, ministros e nobres patriotas. Agora, se o sistema bancário é um modo, embora engenhoso, de oprimir uma maioria, que esta, embora corrupta, possa remover a opressão. E se a própria corrupção deve ter sido produzida principalmente pelo sistema opressor, como geralmente é o caso, então a remoção da opressão é o verdadeiro remédio para a corrupção. Não é assim, diz Maquiavel e Montesquieu; saindo a virtude, a liberdade escoa para além do alcance de uma nação e a opressão ou monarquia é o remédio.

O interesse de uma maioria viciosa de remover a opressão de si mesma é tão forte quanto se ela fosse virtuosa; e a coincidência entre seu interesse e sua reforma é a base a ser construída pelo político honesto. Se a avareza e a fraude são propagadas por leis para acumular riqueza às expensas de uma maioria, o interesse pecuniário dessa maioria para destruir tais leis é a base mais sólida para a efetivação de uma reforma das maneiras corruptas que elas produziram. E as leis justas de uma maioria viciosa, em autodefesa, terão uma ampla influência sobre o restabelecimento da virtude; nenhuma minoria corrupta, qualquer que seja ela, composta ou de classes ou de interesses isolados, pode ser estimulada pelo auto-interesse para aprovar leis justas, o melhor restaurador de boas maneiras.

Há duas considerações que sustentam esse raciocínio. Primeira, que o homem é mais propenso à razão do que ao erro. Segunda, que ele é mais propenso ao auto-amor do que à auto-inimizade. Não obstante a primeira propensão, todo homem, embora sábio, está sujeito ao erro, e o erro ocasional de um homem sábio pode arruinar uma nação. A propensão geral de toda a espécie geralmente afetará seu próprio caráter sobre uma opinião geral e está indubitavelmente menos sujeita ao erro do que as conclusões de um indivíduo. É mais seguro confiar nessa propensão do que na infalibilidade individual. Uma existe, a outra não. Uma é sempre honesta, a outra freqüentemente velhaca. A força do auto-amor é tão forte nas maiorias quanto num indivíduo, mas seu efeito é precisamente contrário. Ela estimula o homem a cometer erros, porque ele está rodeado por objetos da opressão; e as maiorias fazem o correto, porque não encontram nenhum desses objetos. Seus erros de julgamento são abandonados tão logo sejam vistos, enquanto o despotismo de um homem é muito mais guarnecido para ser descoberto. A velha análise confia grande poder aos indivíduos e às minorias e não fornece nenhum modo de controlar suas propensões viciosas naturais. Nossa política reparte mais economicamente o poder entre elas e acrescenta uma soberania, cuja propensão está voltada para a razão e cujo auto-interesse é um estímulo à justiça. Tal é o competidor da soberania da antiga análise, da qual mesmo seu advogado, Bolingbroke, admite que um bom soberano seria um milagre. Evitar razões tão fortes a favor de nossa espécie de soberania, reis, nobres e mesmo a plebe reivindica um direito divino de governar, porque não existia nenhum fundamento entre o direito ao autogoverno e a autoridade de Deus. Era óbvio que uma nação, como um indivíduo, nunca poderia se tornar um tirano para si mesma e, portanto, todos os abusos dos bons princípios morais, seja na forma da antiga análise, seja da moderna aristocracia de papel e patronato, encontram meios de controlar e derrotar o autogoverno nacional ou pela impiedade da tirania paternal sobre Deus ou pela fraude de admitir mas esquivar-se de suas pretensões. E embora seja finalmente confessado que as nações têm o direito de destruir os tiranos, permanece a dificuldade de se encontrar um tirano desejando ser destruído. Monarquia, aristocracia, hierarquia, patronato e ambição ainda instigam toda contenda, embora falsa, cujas circunstâncias transitórias podem tornar plausível; mesmo a aristocracia de papel dos Estados Unidos, embora construída por republicanos, render-se-ia à santidade de reis tirânicos para assegurar uma santidade de privilégios tirânicos e, enquanto luta para encontrar refúgio para a última, sob alguma boa palavra, limita-se a arrancar a primeira de sob o trono do próprio Deus.

* * * * *

John Taylor
(1753-1824)

Órfão desde criança, cresceu na casa do tio, Edmund Pendleton, e foi educado por professores particulares. Começou a estudar direito em 1770 e, quatro anos mais tarde, recebeu a licença para advogar.

No apogeu da Revolução Americana, Taylor junta-se ao exército continental. Serve até aposentar-se, em 1779, ano em que entra para a política, carreira exercida por ele até a morte. Era partidário do presidente Thomas Jefferson.

Thomas Jefferson

Reflexões sobre os Artigos da Confederação

Depois de chegar em casa, estando sozinho e querendo me divertir, sentei-me para explicar a mim mesmo (pois há uma tal coisa) minhas Idéias de direitos civis e naturais e a distinção entre eles — envio-os a vocês para ver quanto concordamos.

Suponham que 20 pessoas, estranhas umas às outras, se encontram num país nunca antes habitado. Cada uma seria soberana em seu próprio direito natural. Sua vontade seria a sua Lei, mas seu poder, em muitos casos, inadequado ao seu direito e a conseqüência seria que cada uma poderia ser exposta não apenas a uma outra pessoa, mas às outras dezenove.

Então, ocorreria a elas que sua condição seria muito melhor se se pudesse divisar uma maneira de trocar tal quantidade de perigo por muita proteção, de modo que cada indivíduo possuísse a força do grupo todo. Já que todos os seus direitos, no primeiro caso, são direitos naturais e o exercício de tais direitos apoiado apenas por seu próprio poder individual natural, eles começariam por distinguir entre aqueles direitos que, individualmente, poderiam exercer completa e perfeitamente e aqueles que não poderiam.

Da primeira espécie são os direitos de pensar, falar, imaginar e dar opiniões e, talvez, todos aqueles que podem ser totalmente exercidos pelo indivíduo sem assistência externa — ou, em outras palavras, direitos de competência pessoal. Do segundo tipo são aqueles de proteção pessoal, de aquisição e posse de propriedade, no exercício dos quais o poder natural individual é menor do que o direito natural.

Tendo traçado essa linha, as pessoas concordam em reter individualmente a primeira Classe de Direitos, ou seja, aqueles de Competência pessoal, e apartar de sua posse pessoal a segunda Classe, ou seja, aqueles de poder imperfeito, e aceitar em troca um direito a todo poder produzido por uma condensação de todas as partes. Isso concebo como direitos civis ou direitos de Pacto e são distinguíveis dos direitos Naturais, porque com uns agimos totalmente com nossa própria pessoa e com os outros concordamos em não fazer assim, mas agimos sob a garantia da sociedade.

Segue-se, portanto, que quanto mais de tais direitos naturais imperfeitos, ou direitos de poder imperfeito, desistirmos e, assim, os trocarmos, tanto mais seguramente possuímos e, como a palavra liberdade é, com freqüência, erroneamente tomada por segurança, o Sr. Wilson confunde seu argumento ao confundir os termos.

Mas não se segue que quanto mais direitos naturais de *todo tipo* renunciarmos, mais seguramente possuímos, porque, se renunciarmos àqueles da primeira classe, podemos sofrer muito com a troca, pois onde o direito e o poder são iguais entre cada indivíduo, naturalmente devem aí permanecer.

O Sr. Wilson precisa ter alguma alusão a essa distinção ou sua posição estaria sujeita a inferências.

Considero a soberania individual dos Estados preservada sob o Ato de Confederação como sendo da segunda Classe de direitos. Torna-se perigosa, porque é imperfeita no poder necessário para apoiá-la. Responde ao orgulho e propósito de uns poucos homens em cada estado — mas o Estado coletivamente é prejudicado por ela.

* * * * *

Notas sobre a Virgínia

A Administração de Justiça e a Descrição das Leis?

Um outro objetivo da revisão é difundir conhecimento mais geralmente entre as pessoas. Este projeto de lei se propõe a dividir todo o condado em pequenos distritos de cinco ou seis milhas quadradas, chamados comarcas, e em cada um deles estabelecer uma escola para se ensinar a ler, escrever e aritmética. O professor seria mantido pela comarca e cada habitante dela habilitado a enviar gratuitamente suas crianças de três anos e tanto quanto lhes agrade, pagando por ela. Essas escolas estariam sob a orientação de um inspetor, que anualmente escolheria o garoto de melhor gênio da escola, entre aqueles cujos pais fossem muito pobres para lhes dar educação ulterior, e enviá-lo-ia para uma das escolas de gramática, das quais vinte são escolhidos para se estabelecer em partes diferentes do país, para ensinar grego, latim, geografia e os ramos superiores da aritmética numérica. Dos garotos assim enviados em qualquer ano, será feita uma avaliação, nas escolas de gramática, de um ou dois anos, e o melhor de todos os gênios de todos os escolhidos continuará por mais seis anos, enquanto os restantes serão recusados. Através desses meios, vinte dos melhores gênios anualmente serão reunidos a partir do refugo e serão instruídos, às expensas públicas, até onde chegarem as escolas de gramática. No final da instrução de seis anos, metade dos alunos terá o curso interrompido (entre os quais as escolas de gramática obterão seus futuros mestres) e a outra metade, escolhida pela superioridade de seus talentos e disposição, será enviada para ter mais três anos de estudos das ciências que escolherem, no William and Mary College, cujo programa poderá ser aumentado, conforme será aqui explicado, e estendido a todas as ciências úteis. O resultado final de todo o esquema educacional seria ensinar todas as crianças do Estado a ler, escrever e a aritmética comum; formando-se dez anualmente, de gênio superior, bem versados em grego, latim, geografia e os ramos mais superiores da aritmética; formando-se dez outros anualmente, de talentos ainda superiores, os quais, naqueles ramos do aprendizado, terão acrescentado ciências às quais o seu gênio os levou; o fornecimento às escolas da porção mais próspera do povo, nas quais seus filhos seriam educados às próprias expensas. Os objetivos gerais dessa lei são fornecer uma educação adaptada à idade, à capacidade e à condição de cada um e dirigida à sua liberdade e felicidade. Os detalhes específicos não são adequados à lei. Precisam ser assunto dos inspetores incumbidos com sua execução. Estando o primeiro estágio dessa educação nas escolas das comarcas, onde a grande massa das pessoas receberá sua instrução, os fundamentos principais da ordem futura serão aqui estabelecidos. Portanto, em vez de colocar a Bíblia e o Testamento nas mãos de crianças cuja idade não lhes permite julgamentos suficientemente maduros para as indagações religiosas, suas memórias podem, aqui, ser preenchidas com fatos mais úteis da história grega, romana, européia e americana. Os primeiros elementos de moralidade também podem ser instilados em suas mentes, tais como quando posteriormente desenvolvidas conforme seus julgamentos aumentam em força, pode-se ensinar-lhes como construir sua própria felicidade maior ao mostrar-lhes que ela não depende da condição de vida na qual o acaso as colocou, mas é sempre o resultado de uma boa consciência, boa saúde, ocupação e liberdade em todos os justos objetivos. Aqueles que ou pela prosperidade dos pais ou pela adoção do Estado destinarem-se aos graus superiores do aprendizado, irão para as escolas de gramática, que constituem o estágio seguinte, para ali serem instruídos em línguas. O aprendizado de grego e latim, disseram-me, está em desuso na Europa. Não sei o que suas maneiras e ocupações podem exigir, mas seria um muito mau julgamento de nossa parte seguir seu exemplo neste caso. Há um certo período da vida, digamos entre oito e quinze ou dezesseis anos de idade, em que tanto a mente quanto o corpo ainda não se encontram suficientemente firmes para procedimentos diligentes e concisos. Se aplicada a tal, cai uma vítima precoce da aplicação prematura; exibindo, de fato, inicialmente, nesses indivíduos jovens e imaturos, a aparência ufanista de serem homens enquanto são ainda crianças, mas terminando por reduzi-los a crianças, quando deveriam ser homens. A memória é, então, muito suscetível e retentiva de impressões e o aprendizado de línguas, sendo principalmente um trabalho da memória, parece precisamente ajustado aos poderes desse período, que é suficientemente longo, também, para o aprendizado de idiomas, antigos e modernos, mais úteis. Não pretendo dizer que o idioma é uma ciência. É apenas um instrumento para a realização da ciência. Mas esse tempo não é perdido, quando empregado na obtenção de instrumentos para a atuação futura, mais especialmente quando, neste caso, os livros colocados nas mãos dos jovens para tal propósito podem ser daqueles que, ao mesmo tempo, gravam em suas mentes fatos úteis e bons princípios. Se este for um período passado em inatividade, a mente torna-se letárgica e impotente, como seria o corpo que ela habita se não se exercitasse durante o mesmo tempo. A harmonia entre corpo e mente durante seu surgimento, progresso e declínio é também necessária e óbvia para expor nosso ser à corrupção, enquanto passamos de um para outro. Tão logo tenham idade suficiente, supõe-se que sejam enviados das escolas de gramática para a universidade, que constitui nosso terceiro e último estágio, para ali estudarem aquelas ciências que podem ser adaptadas às suas visões. Naquela parte de nosso plano, que prescreve a seleção dos jovens gênios entre as classes pobres, esperamos auxiliar o Estado daqueles talentos, cuja natureza foi disseminada tão liberalmente entre pobres e ricos, mas que perece sem uso, se não for dirigida e cultivada. Mas de todas as visões desta lei, nenhuma é mais importante, mais legítima, do que aquela de tornar as pessoas seguras, conforme a concluem, guardiãs de sua própria liberdade. Para tal propósito, no primeiro estágio, onde *eles* receberão toda a sua educação, a leitura é proposta, conforme se disse, como sendo basicamente histórica. A história, ao aprisioná-los no passado, irá capacitá-los a julgar o futuro; irá beneficiá-los com a experiência de outros tempos e outras nações; irá qualificá-los como juízes das ações e desígnios dos homens; irá capacitá-los a conhecer a ambição sob cada disfarce que ela possa assumir e, conhecendo-a, derrotá-la. Em cada governo sobre a Terra há algum traço de fraqueza humana, algum germe de corrupção e degeneração, que a astúcia descobrirá e a maldade insensivelmente abre, cultiva e melhora. Todo governo degenera quando confiado unicamente a administradores do povo. O próprio povo, então, é seu único depositário seguro. E para tornar o povo seguro, suas mentes precisam ser melhoradas até um certo grau. Isso, de fato, não é tudo o que é necessário, embora seja essencialmente necessário. Uma emenda à nossa Constituição precisa auxiliar a educação pública. A influência sobre o governo precisa ser compartilhada com todo o povo. Se cada indivíduo que o compõe participa da autoridade final, o governo estará seguro; porque corromper toda a massa excederá quaisquer recursos privados e aqueles públicos não podem ser providenciados, exceto através de coletas realizadas entre o povo. Neste caso, cada homem teria de pagar seu próprio preço. O governo da Grã-Bretanha foi corrompido porque apenas um homem em dez tem o direito de votar para os membros do Parlamento. Os vendedores do governo, portanto, deixam claro nove décimos de seu preço. Pensou-se que a corrupção estava reprimida ao se confinar o direito ao sufrágio a uns poucos dos mais ricos do povo; mas seria mais efetivamente reprimida por uma extensão desse direito a tais membros, enquanto ofereceria resistência aos meios de corrupção.

Finalmente, foi proposto, através de um projeto de lei nesta revisão, o início de uma galeria e biblioteca públicas, gastando-se uma certa quantia anualmente em livros, pinturas e estátuas.

Que Costumes e Maneiras podem ser Recebidos naquele Estado?

É difícil determinar o padrão pelo qual as maneiras de uma nação podem ser experimentadas, sejam *católicas* ou *particulares*. É mais difícil para um nativo trazer àquele padrão as maneiras de sua própria nação, familiares a ele pelo hábito. Não pode haver dúvida a respeito da infeliz influência sobre as maneiras de nosso povo produzida pela existência da escravidão entre nós. Todo o comércio entre patrão e escravo é um exercício perpétuo das paixões mais tempestuosas, do despotismo mais incessante por um lado e submissões degradantes por outro. Nossos filhos vêem isso e aprendem a imitá-lo, pois o homem é um animal imitador. Essa qualidade é o germe de toda educação nele. Do berço ao túmulo, ele aprende a fazer o que vê os outros fazendo. Se um pai não conseguisse encontrar motivo ou em sua filantropia ou em seu amor próprio para reprimir a intemperança da paixão em relação a seu escravo, sempre seria um motivo suficiente a presença de seu filho. Mas geralmente isso não é suficiente. O pai se enfurece, o filho observa, apreende as feições da ira, assume os mesmos ares no círculo dos escravos menores, dá livre expansão ao pior das paixões e, assim, estimulado, educado e diariamente exercitado na tirania, só podem ter fixadas na memória peculiaridades odiosas. O homem precisa ser um prodígio para manter suas maneiras e moral não depravadas em tais circunstâncias. E com que execração deveria ser cumulado o político, que, permitindo que metade dos cidadãos esmague os direitos da outra metade, transforma aqueles em déspotas e estes em inimigos, destrói a moral de uma parte e o *amor patriae* da outra. Pois se um escravo pode ter um país neste mundo, precisa ser algum outro em preferência àquele em que ele nasceu para viver e trabalhar para outro, no qual ele precisa empregar as faculdades de sua natureza, contribuir tanto quanto depende de seus esforços individuais para o desaparecimento da raça humana ou impor sua miserável condição às intermináveis gerações que dele provirão. Com a moral das pessoas, também os seus esforços são destruídos. Pois num clima quente, nenhum homem trabalhará por si mesmo, quando pode fazer outro trabalhar por ele. Isso é tão verdadeiro que, entre os proprietários de escravos, uma proporção muito pequena é vista, de fato, trabalhando. E pode-se pensar que as liberdades de uma nação estão seguras quando removemos sua única base firme, uma convicção na mente das pessoas de que tais liberdades são uma dádiva de Deus? Que elas não serão violadas exceto pela Sua ira? De fato, temo por meu país quando reflito que Deus é justo; que sua justiça não pode dormir para sempre; que, considerando os números, natureza e natural significam apenas um giro da roda da fortuna, uma mudança de situação encontra-se entre os eventos possíveis, o que pode se tornar provável por interferência sobrenatural! O Todo-poderoso não tem atributo que possa tomar nosso partido em uma tal disputa. Mas é impossível ser moderado e perseguir este objetivo através das várias considerações de diplomacia, de moral, de história natural e civil. Precisamos nos contentar em esperar que forcem seu caminho na mente de cada um. Acho que é uma mudança já perceptível, desde a origem da atual revolução. O espírito do patrão está enfraquecendo, aquele do escravo elevando-se da poeira, sua condição suavizando-se, do caminho que espero estar preparando, sob os auspícios dos céus, para a total emancipação, e que isso está disposto, na ordem dos eventos, para se dar com o consentimento dos patrões mais do que por sua extirpação.

Um ato para o Estabelecimento da Liberdade Religiosa passou na Assembléia da Virgínia no Início do Ano de 1780

Bem consciente de que Deus Todo-poderoso criou a mente livre, que todas as tentativas para influenciá-la por ônus ou punições temporais ou por incapacitações civis tendem apenas a produzir hábitos de hipocrisia e mesquinharia e constituem um afastamento do plano do Santo Autor de nossa religião, que, sendo Senhor tanto do corpo quanto da mente, contudo não escolheu propagá-la por coerções sobre qualquer um, como estava em Seu Total poder fazê-lo; que a presunção ímpia de legisladores e governadores, tanto civis quanto eclesiásticos, que, sendo eles mesmos homens meramente falíveis e não inspirados, passaram a dominar a fé de outros, estabelecendo suas próprias opiniões e modos de pensar como a única e infalível verdade e, com tal esforço para impô-la aos outros, estabeleceram e mantiveram falsas religiões sobre a maior parte do mundo e o tempo todo; que compelir um homem a fazer contribuições em dinheiro para a propagação de opiniões nas quais não acredita é pecaminoso e tirânico; que mesmo forçá-lo a suportar este ou aquele mestre de sua própria persuasão religiosa é privá-lo da confortável liberdade de dar suas contribuições a determinado pastor, cuja moral ele tornaria seu padrão e cujos poderes ele sente mais persuasivos à retidão e está afastando do ministro aqueles prêmios temporais, que, procedentes de uma aprovação de sua conduta pessoal, constituem um estímulo para o labor sério e contínuo de instrução da humanidade; que nossos direitos civis não dependem de nossas opiniões religiosas, mais do que de nossas opiniões sobre física ou geometria; que, portanto, a proscrição de qualquer cidadão como indigno de confiança pública por repousar sobre ele uma incapacidade de ser chamado para cargos públicos de confiança e emolumento, a menos que professe ou renuncie a esta ou àquela opinião religiosa, é privá-lo injuriosamente daqueles privilégios e vantagens, aos quais, em comum com seus companheiros cidadãos, ele tem um direito natural; que tende também a corromper os princípios da verdadeira religião, o que significa encorajar, através de suborno, com um monopólio de honras e emolumentos mundanos, aqueles que exteriormente professarão e conformar-se-ão a ela; que, embora sejam, de fato, criminosos quem não resiste a tal tentação, contudo não são inocentes aqueles que colocam a isca no caminho; que sofrer o magistrado civil para introduzir seus poderes no campo da opinião e restringir a confissão ou propagação de princípios, sobre a suposição de sua tendência doentia, é uma falácia perigosa, que de uma vez destrói toda liberdade religiosa, porque sendo naturalmente juiz de tal tendência, ele fará de suas opiniões a regra de julgamento e aprovará ou condenará os sentimentos dos outros apenas quando eles se enquadrarem com ou divergirem dos seus próprios sentimentos; que é tempo suficiente para os propósitos justos de governo civil para seus funcionários interferirem quando os princípios se rompem em atos abertos contra a paz e a boa ordem; e, finalmente, que a verdade é grande e prevalecerá se deixada a si mesma, que ela é a antagonista adequada e suficiente ao erro e não tem nada a temer do conflito, a não ser pela interposição humana desarmada de suas armas naturais, livre de argumento e debate, os erros deixando de ser perigosos quando livremente se permite contradizê-los.

Seja, portanto, decretado pela Assembléia Geral, que nenhum homem será compelido a freqüentar ou apoiar qualquer adoração, lugar ou ministério religioso, quaisquer que sejam, nem será forçado, restringido, molestado ou oprimido em seu corpo ou bens, nem sofrerá, por outro lado, por causa de suas crenças ou opiniões religiosas; mas que todos os homens serão livres para professar e, por convencimento, manter suas opiniões em assuntos religiosos e que elas de modo algum diminuirão, aumentarão ou afetarão suas capacidades civis.

E embora conheçamos bem essa Assembléia, eleita pelo povo para os propósitos comuns de legislação apenas, não tem o poder de restringir os atos das assembléias sucessoras, constituídas de poderes iguais aos nossos e que, portanto, declarar este ato irrevogável não teria efeito legal; contudo, somos livres para declarar, e declaramos, que os direitos com isto afirmados são os direitos naturais da humanidade e que, se algum ato futuramente repelir o presente ou limitar sua operação, tal ato será uma violação do direito natural.

* * * * *

A Thomas'Law

Poplar Forest, 13 de junho de 1814

Prezado Senhor:

A cópia de seu *Second Thoughts on Instinctive Impulses*, com a carta que a acompanha, foi recebida exatamente quando eu estava saindo de viagem para este local, dois ou três dias distante de

Monticello. Trouxe-a comigo e a li com grande satisfação e ainda mais, pois ela continha exatamente meu próprio credo sobre o fundamento da moralidade no homem. É realmente curioso que, sobre uma questão tão fundamental, tal variedade de opiniões deveria ter prevalecido entre os homens e, também, daqueles da virtude mais exemplar e ordem primeira de compreensão. Ela mostra quão necessário era o cuidado do Criador em tornar o princípio moral tanto uma parte de nossa constituição quanto que nenhum erro de raciocínio ou de especulação poderia nos desviar de sua observância na prática. De todas as teorias sobre essa questão, a mais extravagante parece ter sido aquela de Wollaston, que considera a *verdade* o fundamento da moralidade. O ladrão que rouba um guinéu erra somente porque ele mente ao usar o guinéu como se fosse dele. A verdade é certamente um ramo da moralidade e um ramo muito importante para a sociedade. Mas apresentada como seu fundamento é como se uma árvore arrancada pelas raízes tivesse seu caule invertido no ar e um de seus ramos plantado no solo. Alguns fizeram do *amor de Deus* o fundamento da moralidade. Isso, também, é apenas um ramo de nossos deveres morais, que são geralmente divididos em deveres a Deus e deveres ao homem. Se praticarmos uma boa ação simplesmente a partir do amor de Deus e da crença de que é agradável a Ele, de onde provém a moralidade do ateu? É vão dizer, como o fazem alguns, que não existe um tal ser. Temos a mesma evidência do fato como a maioria daqueles sobre os quais agimos, a saber: suas próprias afirmações e seus raciocínios que dão apoio a elas. Observei, de fato, que geralmente, enquanto nos países Protestantes as deserções do Cristianismo Platônico dos sacerdotes é para o Deísmo, nos países Católicos são para o Ateísmo. Diderot, D'Alembert, D'Holbach, Condorcet são conhecidos por estar entre os mais virtuosos dos homens. Sua virtude, então, precisa ter tido algum outro fundamento do que o amor de Deus.

O de outros baseia-se numa faculdade diferente, aquela do gosto, que nem mesmo é um ramo da moralidade. De fato, temos um senso inato daquilo que chamamos belo, mas que é exercido principalmente sobre assuntos voltados à fantasia, seja através do olho sobre formas visíveis, como paisagem, figura animal, vestuário, tapeçaria, arquitetura, a composição das cores, etc., seja diretamente através da imaginação, como imagens, estilo ou métrica na prosa ou poesia, seja o que mais houver que constitua o domínio da crítica ou gosto, uma faculdade inteiramente distinta daquela da moral. O auto-interesse ou, antes, o auto-amor, ou *egoísmo*, tem sido mais plausivelmente substituído como a base da moralidade. Conosco mesmos, não conseguimos cuidar da identidade, nem da relação, o que perdura, exigindo dois objetos, exclui o auto-amor confinado a um só. A nós mesmos, em linguagem estrita, podemos não ter deveres, obrigação que exige também duas partes. O auto-amor, portanto, não faz parte da moralidade. De fato, é exatamente a sua contraparte. É o único antagonista da virtude, levando-nos constantemente, através de nossas propensões, à autogratificação, violando nossos deveres morais com os outros. Conseqüentemente, é contra esse inimigo que se voltam as baterias dos moralistas e religiosos, como único obstáculo à prática da moralidade. Tire do homem suas propensões egoístas e ele pode não ter nada a seduzi-lo na prática da virtude. Ou subjugue tais propensões pela educação, instrução ou repressão e a virtude permanece sem um competidor. O egoísmo, num sentido mais amplo, tem sido, assim, apresentado como a fonte da ação moral. Diz-se que alimentamos o faminto, vestimos o nu, tratamos as feridas do homem atacado por ladrões, vertemos óleo e vinho nelas, colocamo-lo sobre nosso próprio animal e o levamos até a estalagem, porque sentimos prazer com tais ações. Assim Helvetius, um dos melhores homens sobre a Terra e o mais ingênuo advogado deste princípio, após definir "interesse" como não sendo apenas aquilo que é pecuniário, mas o que quer que possa nos causar prazer ou nos afasta da dor (*De l'esprit*, 2, I), diz (*ib*. 2, 2): "O ser humano é aquele para quem a visão da infelicidade é insuportável e que, para se recuperar desse espetáculo, é forçado a socorrer o objeto da infelicidade". Isso, de fato, é verdadeiro. Mas é um pequeno passo da questão final. Essas boas ações nos dão prazer, mas como é que nos dão prazer? Porque a natureza implantou em nosso peito um amor pelos outros, um senso de dever com eles, um instinto moral, em resumo, o que nos impele irresistivelmente a sentir e dar socorro às suas aflições e protestos contra a linguagem de Helvetius (*ib*. 2, 5): "que outro motivo que não o auto-interesse poderia determinar as ações generosas de um homem? É tão impossível para ele amar o que é bom por amor ao bem, quanto amar o mal pelo amor ao mal". O Criador, de fato, teria sido um artista grosseiro se tivesse pretendido que o homem fosse um animal social sem plantar nele disposições sociais. É verdade que elas não foram plantadas em todo homem, porque não há regra sem exceção; mas é raciocínio falso aquele que converte exceções em regra geral. Alguns homens nascem sem os órgãos da visão ou da audição ou sem mãos. Contudo seria errado dizer que o homem nasceu sem tais faculdades, e visão, audição e mãos podem, na verdade, entrar na definição geral de homem. A carência ou imperfeição do senso moral em alguns homens, como a carência ou imperfeição dos sentidos da visão e audição em outros, não é prova de que é uma característica geral da espécie. Quando há carência, nos esforçamos para suprir o defeito pela educação, através de apelos à razão e ao cálculo, por apresentar ao ser tão infelizmente conformado outros motivos para fazer o bem e evitar o mal, tais como o amor ou o ódio ou a rejeição daqueles entre os quais ele vive e cuja sociedade é necessária à sua felicidade e mesmo existência; demonstrações através de cálculo idôneo que a honestidade promove o interesse a longo prazo; os prêmios e penalidades estabelecidos por leis e, finalmente, as perspectivas de um futuro estado de retribuição ao mal com o bem realizado enquanto estiver aqui. Esses são os corretivos fornecidos pela educação e que exercem as funções do moralista, do pregador e do legislador e levam a um curso de ação correta todos aqueles cuja disparidade não é tão profunda para ser erradicada. Alguns têm se manifestado contra a existência de um senso moral ao dizerem que, se a natureza nos deu um tal senso, impelindo-nos às ações virtuosas e advertindo-nos contra aquelas viciosas, então a natureza teria também designado, por alguma marcação particular, os dois conjuntos de ações que são, em si mesmas, umas virtuosas e outras viciosas. Verificamos, de fato, que as mesmas ações são consideradas virtuosas em um país e viciosas em outro. A resposta é que a natureza constituiu *utility* ao homem, o padrão e teste de virtude. Homens, vivendo em países diferentes sob circunstâncias, hábitos e regimes diferentes, podem ter utilidades diferentes; o mesmo ato, portanto, pode ser útil e conseqüentemente virtuoso em um país e injurioso e vicioso em outro diferentemente situado. Então, sinceramente acredito, como você, na existência geral de um instinto moral. Considero-o a gema mais brilhante com a qual o caráter humano é enfeitado e sua carência mais degradante do que a mais horrenda das deformidades. Estou feliz em revisar o rol de associados neste princípio, que você apresenta em sua segunda carta, alguns dos quais não tinha encontrado antes. A eles poder-se-ia acrescentar Lord Kaims, um de nossos advogados mais capazes, que vai longe ao dizer, em seus *Principles of Natural Religion*, que um homem não tem nenhum dever para o qual ele não seja estimulado por algum sentimento impulsivo. Isso é correto, se relacionado ao padrão de sentimento geral num dado caso e não ao sentimento de um único indivíduo. Talvez eu possa tê-lo citado erroneamente, já que faz cinqüenta anos que li seu livro.

O ócio e a solidão de minha situação aqui levaram-me à indiscrição de impor-lhe uma longa carta sobre um assunto que nada novo lhe pode ser oferecido. Eu não me perdoarei mais que repetir as afirmações de minha estima e respeito continuados.

* * * * *

A William Short

Monticello, 31 de outubro de 1819

Prezado Senhor:

Sua carta do dia 21 foi recebida. Minha recente enfermidade, pela qual você tão gentilmente se interessa, foi produzida por uma contratura espasmódica do íleo, ocorrida no sétimo mês deste ano. A crise foi curta, passou no quarto dia e eu teria ficado bom logo se não fosse aquela dose de calomelano e jalapa, na qual havia apenas oito ou nove gramas da primeira substância, o que me trouxe muita salivação. Desta, porém, não resta nada agora, a não ser um pouco de irritabilidade na boca. Fui capaz de andar a cavalo nos últimos três ou quatro dias.

Como você se autodenomina, também sou um Epicurista. Considero as doutrinas genuínas (não as imputadas) de Epicuro como contendo tudo o que é racional na filosofia moral que Grécia e Roma nos deixaram. Epitecto, de fato, nos deu o que era bom dos Estóicos; tudo o mais de seus dogmas é hipocrisia e trejeito. Seu maior crime estava nas calúnias a Epicuro e embustes de suas doutrinas, nas quais lamentamos ver o caráter ingênuo de Cícero utilizado como cúmplice. Prolixas, insípidas, retóricas, mas encantadoras. Seu protótipo Platão, eloqüente como ele próprio, distribuindo misticismos incompreensíveis à mente humana, tem sido deificado por certas seitas que usurpam o nome de Cristãos; porque, em suas nebulosas concepções, encontram uma base de escuridão impenetrável, sobre a qual cultivam mentiras delirantes de sua própria invenção. Estas eles atribuem profanamente a Ele, que consideram como o seu Fundador, mas que os repudiaria com a indignação que as caricaturas que eles fazem de Sua religião tão justamente provocam. De Sócrates não temos nada genuíno, exceto na Memorabilia de Xenofonte; pois Platão faz dele um de seus Co-locutores simplesmente para cobrir suas próprias extravagâncias sobre o manto do nome dele; uma liberdade da qual nos disseram que o próprio Sócrates reclamava. Sêneca é, de fato, um bom moralista, desfigurando seu trabalho algumas vezes com algum Estoicismo e afetando muito de antítese e atributo, dando-nos, contudo, no total, uma grande parte de moralidade prática e boa. Mas o maior de todos os reformadores da religião depravada de Seu próprio país foi Jesus de Nazaré. Abstraindo o que é realmente Seu, a partir do entulho em que foi enterrado, facilmente distinguido por seu brilho a partir do refugo de Seus biógrafos e tão separável dele como o diamante do esterco, temos os contornos de um sistema da mais sublime moralidade, que jamais saiu dos lábios do homem; contornos que Ele lamentavelmente não viveu para preencher. Epiteto e Epicuro fizeram leis para o autogoverno; Jesus um suplemento de deveres e caridades para com os outros. O estabelecimento do caráter inocente e genuíno desse Moralista benevolente e o resgate dele da imputação de impostura, resultante de sistemas artificiais, inventados pelas seitas ultra-Cristãs, não autorizadas por uma única palavra pronunciada por Ele, é um dos objetos mais desejáveis e um daqueles a que Priestley devotou, com sucesso, a sua aprendizagem e seus trabalhos. Efetuaria a tempo, espera-se, uma eutanásia silenciosa das heresias da beatice e do fanatismo que por tanto tempo triunfaram sobre a razão humana e tão profunda e geralmente afligiu a humanidade; mas este trabalho será iniciado pela separação entre joio e trigo dos historiadores de Sua vida. Tenho algumas vezes pensado em traduzir Epiteto (pois ele nunca foi toleravelmente traduzido para o inglês), acrescentando as doutrinas genuínas de Epicuro, a partir do Suntagma de Gassendi e um resumo dos Evangelistas do que quer que tenha o selo da eloqüência e excelente imaginação de Jesus. Este último eu tentei muito apressadamente há uns doze ou quinze anos. Foi o trabalho de duas ou três noites apenas, em Washington, após realizar a tarefa da noite de ler as cartas e trabalhos do dia. Mas com um pé na cova, estes são agora projetos inúteis para mim.

Meu negócio é enganar o tédio de uma vida declinante, como me esforço em fazer, através das delícias da leitura clássica e das verdades matemáticas e pelo consolo de uma boa filosofia, igualmente indiferente à esperança e ao temor.
Tomei a liberdade de observar que você não é um verdadeiro discípulo de nosso mestre Epicuro ao abandonar-se à indolência, à qual diz que está se entregando. Um de seus cânones, você sabe, era que "a indulgência que apresenta um prazer maior, ou produz uma dor maior, deve ser evitada". Seu amor ao repouso levará, ao progredir, a uma suspensão do exercício saudável, um relaxamento da mente, uma indiferença a tudo ao seu redor e, finalmente, a uma debilidade do corpo e embotamento da mente, a mais distante de todas as coisas da felicidade que asseguram as indulgências bemreguladas de Epicuro; a firmeza, você sabe, é uma de suas quatro virtudes fundamentais. Ela nos ensina a encontrar e ultrapassar as dificuldades; não voar para longe delas como covardes; e a voar, também, em vão, pois elas nos encontrarão e nos arrastarão a cada curva de nossa estrada. Pese bem este assunto; reanime-se; sentese com Correa, venha e veja a melhor parte de seu país, que, se você não esqueceu, ainda não conhece, porque não é mais a mesma em relação àquela que conhecia. Acrescentará muito da felicidade de minha recuperação ser capaz de receber Correa e você mesmo e provar a estima na qual tenho ambos. Venha, também, e veja nossa incipiente Universidade, que avançou com a grande atividade deste ano. No final do próximo, teremos acomodações elegantes para sete professores e no ano seguinte os próprios professores. Nenhuma figura secundária estará entre eles. Ou os mais capazes que a América pode fornecer ou nenhum de modo algum. Eles nos darão a sociedade selecionada de uma grande cidade, isolada das dissipações e leviandades de seus insetos efêmeros.
    Estou contente pelo fato de o busto de Condorcet ter sido salvo e tão bem situado. Seu gênio deve estar diante de nós; enquanto o lamentável, mas singular ato de ingratidão que manchou seus últimos dias, possa ser atirado para atrás de nós.
    Eu colocaria sob este uma palavra das doutrinas de Epicuro, algo no estilo lapidar, que escrevi há uns vinte anos, semelhante a uma da filosofia de Jesus, aproximadamente da mesma era, muito longa para ser copiada: *Vale, et tibi persuade carissimum te esse nihi.*

Palavras das doutrinas de Epicuro

Físico — O Universo eterno.
Suas partes, grandes e pequenas, intercambiáveis.
Apenas Matéria e Vácuo.
Movimento inerente na matéria que é pesada e declinante.
Circulação eterna dos elementos dos corpos.
Deuses, uma ordem de seres exatamente superiores ao homem, desfrutando, em sua esfera, de suas próprias felicidades; mas não se intrometendo nos assuntos da escala de seres abaixo deles.

Moral — Felicidade, o propósito da vida.
Virtude, a base da felicidade.
Utilidade, o teste da virtude.
Prazer ativo e Indolente.
Indolência é a ausência de dor, a verdadeira felicidade.
Ativo, consiste em movimento agradável; não é felicidade, mas o meio para produzi-la.
Assim, a ausência de fome é um artigo de felicidade; comer, o meio para obtê-la.
O *summum bonum* não deve causar dor ao corpo nem preocupação à mente.
i.e. Indolência do corpo, tranqüilidade da mente.
Para obtermos a tranqüilidade da mente, precisamos evitar o desejo e o medo, as duas principais doenças da mente.
O homem é um livre agente.

A virtude consiste em:
1. Prudência.
2. Temperança.
3. Firmeza.
4. Justiça.

Às quais se opõem:
1. Desatino.
2. Desejo.
3. Medo.
4. Falsidade.

* * * * *

Thomas Jefferson
(1743-1826)

Terceiro presidente dos EUA (1801-9). Nasceu em Shadwell, Virgínia, filho de um conhecido pesquisador. Começou a praticar Direito em 1767. Foi educado em muitas áreas: línguas clássicas e européias, literatura, história e principalmente matemática e ciências naturais. Dedicando-se à política, foi membro da "Casa dos Burgueses de Virgínia" (1769-74) e imediatamente tornou-se um proeminente defensor das reivindicações das colônias. Participou dos dois congressos continentais (1775 e 1776) e teve um importante papel na elaboração da Declaração da Independência. Novamente membro do Poder Legislativo na Virgínia (desde 1776), foi bem-sucedido na rejeição da Lei sobre Heranças; na aprovação das normas para liberdade de religião e proibição à importação de mais escravos (teria obtido a abolição da escravatura, se fosse possível à época) e também a revisão de todo código legal. Foi governador do Estado (1779-81). Como membro do Congresso (1783-84) foi responsável pela concessão de terras além do Estado de Ohio e por um relatório favorecendo a cunhagem decimal. Como Ministro da França (1784-89), testemunhou o início da Revolução Francesa e auxiliou seus líderes, com os benefícios da experiência americana. Retornou aos EUA para ser Secretário do Estado (1790-93), em cuja função defendeu a política de não realizar alianças comprometedoras. Juntamente com seus seguidores, formou um novo grupo chamado "Partido Republicano" (que, apesar do nome, é ancestral do atual Partido Democrata), em oposição à política centralizadora de Hamilton.

Jefferson foi o 2º colocado, contra John Adams, na eleição presidencial de 1796 e, de acordo com a norma constitucional vigente, tornou-se vice-presidente (e líder da oposição). Foi eleito presidente em 1800 e 1804. Foi o primeiro presidente a governar em Washington (que ajudou a planejar).
A sua mais importante realização como presidente foi a "Compra de Louisiana" (1803) dos territórios franceses, no Mississippi, o que foi possível por causa das dificuldades de Napoleão em manter contato e controle da região. Quanto à política interna, Jefferson adotou um conciliador e não pressionou sua campanha pelo direito dos Estados. O tráfico de escravos foi abolido em 1808. Em 1809, retirou-se para Monticello, casa que ele mesmo projetou, retornando aos estudos anteriores à política e, especialmente, ao trabalho de criar a Universidade de Virgínia, fundada em 1825, em Charlottesville. Jefferson via os EUA como uma comunidade agrícola, pois acreditava que a industrialização colocaria o poder a serviço de interesses financeiros. Suas doutrinas políticas foram inspiradas por Locke e Rousseau. Sua prática o tornou o grande político liberal da História.
Casou-se em 1772 com a viúva Martha Skelton, que faleceu em 1782.
Somente duas filhas chegaram à idade adulta.

Mallone, D. *Jefferson and His Time*

Charles Sanders Peirce

Como Tornar Claras as Nossas Idéias

I

Quem quer que tenha olhado um tratado sobre lógica do tipo comum sem dúvida lembrar-se-á das duas distinções entre concepções *claras* e *obscuras* e entre concepções *precisas* e *confusas*. Elas encontram-se nos livros há aproximadamente dois séculos, não aperfeiçoadas e não modificadas, e geralmente consideradas pelos lógicos como estando entre as pérolas de sua doutrina.

Uma idéia clara é definida como aquela tão apreendida que será reconhecida sempre que for encontrada e tal que nenhuma outra será confundida com ela. Se não tiver essa clareza, diz-se que é obscura.

Isso é antes um nítido brocardo de terminologia filosófica; contudo, uma vez que é a clareza o que estavam definindo, gostaria que os lógicos tivessem tornado sua definição um pouco mais simples. Nunca falhar em reconhecer uma idéia e, sob nenhuma circunstância, confundi-la com outra, deixa entrar quão recôndita uma forma pode, de fato, implicar tal força prodigiosa e clareza de intelecto raramente encontrada neste mundo. Por outro lado, simplesmente ter um tal conhecimento da idéia, bem como tornar-se familiarizado com ela e perder toda hesitação em reconhecê-la em casos comuns, dificilmente parece merecer o nome de clareza de apreensão, uma vez que, depois de tudo, ela apenas quantifica um sentimento subjetivo de maestria, que pode ser completamente equivocado. Porém, assumo que, quando os lógicos falam de "clareza", querem indicar nada mais do que uma tal familiaridade com uma idéia, já que encaram a qualidade como apenas um pequeno mérito, que precisa ser suplementado por outro, que chamam de *precisão*.

Uma idéia precisa é definida como aquela que não contém nada que não seja claro. Isso é linguagem técnica; por *conteúdo* de uma idéia os lógicos entendem o que quer que esteja contido em sua definição. De modo que uma idéia é *precisamente* apreendida, segundo eles, quando podemos dar uma definição precisa dela em termos abstratos. Aqui os lógicos profissionais abandonam o assunto e eu não teria preocupado o leitor com o que eles têm a dizer se não fosse um exemplo espantoso de como estiveram dormitando ao longo de eras de atividade intelectual, indiferentemente descuidando da engenharia do pensamento moderno e nunca sonhando aplicar suas lições para o aperfeiçoamento da lógica. É fácil mostrar que a doutrina, o uso familiar e a precisão abstrata fazem a perfeição da apreensão, têm seu único lugar verdadeiro nas filosofias, que há muito foram extintas; e agora é tempo de formular o método de obtenção de uma clareza de pensamento mais perfeita, tal como vemos e admiramos nos pensadores de nossa própria época.

Quando Descartes começou a reconstrução da filosofia, seu primeiro passo foi (teoricamente) permitir o ceticismo e rejeitar a prática dos escolásticos de olhar para a autoridade como a fonte última da verdade. Isso feito, buscou uma fonte mais natural de princípios verdadeiros e admitiu encontrá-la na mente humana, passando, assim, no caminho mais direto, do método da autoridade para aquele da aprioridade, como descrito em meu primeiro trabalho. A autoconsciência servia para nos fornecer nossas verdades fundamentais e decidir o que estava de acordo com a razão. Mas uma vez que, evidentemente, nem todas as idéias são verdadeiras, ele foi levado a observar, como a primeira condição de infalibilidade, que elas precisam ser claras. A distinção entre uma idéia *parecer* clara e realmente ser assim nunca ocorreu a ele. Confiando na introspecção, como ele fez, mesmo para um conhecimento de coisas externas, por que deveria ele questionar o testemunho dela em relação ao conteúdo de nossas próprias mentes? Mas, então, suponho, vendo os homens, quem parecia ser bastante claro e positivo, sustentando opiniões opostas sobre princípios fundamentais, ele posteriormente foi levado a dizer que a clareza de idéias não é suficiente, mas que elas necessitam também ser precisas, i.e., não ter nada que não seja claro nelas. O que ele provavelmente queria dizer com isso (pois não se explicou com precisão) era que elas precisavam confirmar o teste do exame dialético; que necessitavam não apenas parecer claras no início, mas que a discussão não poderia nunca ser capaz de trazer à luz pontos de obscuridade a elas ligados.

Essa era a precisão de Descartes e vê-se que se encontrava exatamente no nível de sua filosofia. Foi algo desenvolvido por Leibnitz. Este grande e singular gênio foi tão notável pelo que deixou de ver quanto pelo que viu. Que uma peça do mecanismo não poderia trabalhar perpetuamente sem ser alimentada por alguma força, de alguma forma, era uma coisa perfeitamente aparente para ele; contudo não compreendeu que o maquinário da mente pode apenas transformar conhecimento e nunca originá-lo, a menos que seja alimentado com fatos de observação. Assim, ele esqueceu o ponto mais essencial da filosofia Cartesiana, que é aceitar proposições que nos parecem perfeitamente evidentes é uma coisa que, seja ela lógica ou ilógica, não podemos ajudar a fazer. Em vez de encarar o assunto dessa maneira, ele procurou reduzir os primeiros princípios da ciência a fórmulas, que não podem ser negadas sem autocontradição, e aparentemente não tinha consciência da grande diferença entre sua posição e aquela de Descartes. Assim, ele reverteu às antigas formalidades da lógica e, acima de tudo, as definições abstratas desempenharam uma grande função em sua filosofia. Foi muito natural, portanto, que, ao observar que o método de Descartes trabalhava sob a dificuldade que podemos parecer a nós mesmos ter apreensões claras de idéias que, na verdade, são muito nebulosas, nenhum remédio melhor ocorreu a ele do que exigir uma definição abstrata de cada termo importante. Conseqüentemente, ao adotar a distinção entre noções *claras* e *precisas*, ele descreveu a última qualidade como a apreensão clara de tudo o que está contido na definição e os livros, desde então, têm copiado suas palavras. Não há perigo, seu esquema quimérico nunca mais será supervalorizado. Nada de novo pode mesmo ser aprendido pela análise de definições. Contudo, nossas crenças existentes podem ser colocadas em ordem por esse processo e ordem é um elemento essencial de economia intelectual, como de todos os outros. Pode-se reconhecer, portanto, que os livros estão certos ao tornarem familiar a noção do primeiro passo em direção à clareza de apreensão e do segundo, da definição dela. Mas, ao omitirem alguma menção de qualquer perspicuidade superior de pensamento, eles simplesmente espelham uma filosofia que explodiu há cem anos. Aquele muito admirado "ornamento da lógica" — a doutrina da clareza e da precisão — pode ser suficientemente belo, mas é mais do que tempo de relegar à nossa gaveta de curiosidades as *bijous* antigas e usar algo melhor adaptado aos usos modernos.

A verdadeira primeira lição que temos o direito de exigir que a lógica nos ensine é como tornar claras as nossas idéias e, uma mais importante, é depreciada apenas pelas mentes que mais têm necessidade dela. Saber o que pensamos, sermos mestres de nosso próprio significado, irá elaborar uma base sólida para o pensamento maior e importante. É mais facilmente aprendido por aqueles cujas idéias são pobres e restritas; e muito mais felizes eles são do que se chafurdassem numa rica lama de concepções. Uma nação, é verdade, pode, no curso de gerações, ultrapassar a desvantagem de uma riqueza excessiva de linguagem e sua natural concomitante, uma vasta, insondável profundidade de idéias. Podemos vê-la na história, lentamente aperfeiçoando suas formas literárias, mudando em toda a extensão sua metafísica e, pela virtude da incansável paciência que é freqüentemente uma compensação, alcançando grande excelência em cada ramo da aptidão mental. A página da história não se encontra ainda aberta, o que serve para nos dizer se tal povo, afinal de contas, prevalecerá ou não sobre aquele cujas idéias (como as palavras de seu idioma) são poucas, mas que possui uma maravilhosa maestria sobre aquelas que possui. Para um indivíduo, porém, não pode haver dúvida de que umas poucas idéias claras valem mais do que muitas idéias confusas. Um homem jovem dificilmente seria persuadido a sacrificar a maior parte de seus pensamentos para salvar o resto e a cabeça desorganizada é a menos apta a ver a necessidade de tal sacrifício. Geralmente, podemos ter apenas comiseração por ele, como uma pessoa com um defeito congênito. O tempo irá ajudá-lo, mas a maturidade intelectual em relação à clareza vem um pouco tarde, um arranjo infeliz da Natureza, visto que a clareza é de menor uso para um homem estabelecido na vida, cujos erros têm, em grande medida, deixado seu efeito, mais do que seria para aquele cujo caminho se abre diante dele. É terrível ver como uma única idéia obscura, uma única fórmula sem significado, à espreita na cabeça de um homem jovem, agirá algumas vezes como uma obstrução de matéria inerte numa artéria responsável pela nutrição do cérebro e condenando sua vítima a consumir-se na plenitude de seu vigor intelectual e no meio da abundância intelectual. Muitos homens acariciaram por anos, como *hobby*, alguma vaga sombra de idéia, muito sem sentido para ser positivamente falsa; contudo, eles apaixonadamente a amaram, fizeram dela uma companheira do dia-a-dia e deram a ela sua força e sua vida, deixando todas as outras ocupações por sua causa e, em resumo, viveram com ela e para ela, até que ela se tornou, como se fosse, carne de sua carne e osso de seu osso; e, então, acordaram, numa brilhante manhã, verificando que ela tinha partido, desaparecido, como a bela Melusina da fábula, e a essência de suas vidas com ela. Pessoalmente conheci homens assim e quantas histórias de enquadradores de círculos, metafísicos, astrólogos e tudo o mais não podem ser contadas na velha Alemanha?

II

Os princípios demonstrados na primeira parte deste trabalho levam, imediatamente, a um método de alcançar uma clareza de pensamento de um grau muito mais elevado do que a "precisão" dos lógicos. Verificamos aí que a ação do pensamento é estimulada pela irritação da dúvida e cessa quando a crença é alcançada; de modo que a produção da crença é a única função do pensamento. Todas essas palavras, porém, são muito fortes para o meu propósito. É como se tivesse descrito os fenômenos como eles aparecem sob um microscópio mental. Dúvida e Crença, como as palavras são comumente empregadas, relacionam-se a discussões religiosas ou outras discussões solenes. Mas aqui uso-as para designar o início de qualquer questão, não importa quão pequena ou grande seja, e sua resolução. Se, por exemplo, numa carruagem, puxo minha carteira e encontro uma moeda de níquel de cinco centavos e cinco de cobre, decido, enquanto minha mão está indo até a carteira, de que maneira pagarei minha passagem. Chamar tal questão de Dúvida e minha decisão de Crença é certamente usar palavras muito desproporcionais à ocasião. Falar de tal dúvida como causadora de uma irritação, que necessita ser acalmada, sugere um temperamento que é desconfortável até a beira da insanidade. Contudo, olhando para o assunto minuciosamente, é preciso admitir que, se há a menor hesitação em relação a se pagarei com as cinco moedas de cobre ou com uma de níquel (como seria certo ser, a menos que eu aja a partir de algum hábito previamente adquirido no assunto), embora irritação seja uma palavra muito forte, fico excitado por uma tal pequena atividade mental como poderia ser necessário para decidir como agirei. Muito freqüentemente dúvidas surgem de alguma indecisão, porém momentânea, em nosso agir. Algumas vezes não é assim. Tenho, por exemplo, de esperar numa estação de trem e, para passar o tempo, leio os anúncios nas paredes. Comparo as vantagens de trens com diferentes rotas, que nunca esperei seguir, simplesmente fantasiando comigo mesmo, que estou num estado de hesitação, porque estou aborrecido por não ter nada com que me preocupar. Hesitação simulada, seja por simples divertimento, seja com um propósito elevado, desempenha um grande papel na produção de pesquisa científica. Contudo, a dúvida pode originar — ela estimula a mente — uma atividade que pode ser leve ou enérgica, calma ou turbulenta. Imagens passam rapidamente através da consciência, uma fundindo-se incessantemente com outra, até que, finalmente, quando tudo acaba — pode ser numa fração de segundo, em uma hora ou após longos anos —, decidimos como devemos agir sob tais circunstâncias como aquelas que ocasionaram nossa hesitação. Em outras palavras, alcançamos a crença.

No processo observamos dois tipos de elementos de consciência, a distinção entre o que pode ser tornado claro através de uma ilustração. Numa peça musical há notas separadas e há o ar. Um único tom pode ser prolongado por uma hora ou um dia e ele existe tão perfeitamente em cada segundo desse tempo como em todos tomados conjuntamente, de modo que, enquanto está soando, ele pode estar presente num sentido a partir do qual tudo no passado estava tão completamente ausente quanto no próprio futuro. Mas é diferente com o ar, o desempenho do que ocupa um certo tempo, durante o qual apenas partes dele são tocadas. Consiste numa regularidade na sucessão dos sons que atingem o ouvido em tempos diferentes; e para percebê-lo precisa haver alguma continuidade de consciência, que torna presentes para nós os eventos de um lapso de tempo. Certamente apenas percebemos o ar ao ouvir as notas separadas; contudo, não podemos dizer que o escutamos diretamente, pois escutamos apenas o que está presente no instante e uma regularidade de sucessão não pode existir em um instante. Esses dois tipos de objetos, do que somos *imediata e mediatamente* conscientes, são encontrados em toda consciência. Alguns elementos (as sensações) estão completamente presentes a cada instante do tempo em que duram, enquanto outros (como o pensamento) são ações que têm começo, meio e fim e consistem numa congruência, numa sucessão de sensações que fluem através da mente. Eles não podem estar imediatamente presentes para nós, mas precisam cobrir alguma porção do passado ou do futuro. O pensamento é um fio de melodia correndo através da sucessão de nossas sensações.

Podemos acrescentar que, exatamente como uma peça musical pode ser escrita em partes, cada uma tendo o seu próprio ar, sistemas muito variados de relação de sucessão subsistem juntos entre as mesmas sensações. Esses sistemas diferentes são distinguidos por terem diversos motivos, idéias ou funções. O pensamento é apenas um dessses sistemas, pois seu único motivo, idéia ou função é produzir crença e o que não se relacione com esse propósito pertence a algum outro sistema de relações. O ato de pensar pode ter incidentalmente outros resultados. Pode servir para nos divertir, por exemplo, e entre *dilettanti* não é raro encontrar aqueles que têm pensamento tão pervertido aos propósitos do prazer que parecem vexados por pensar que as questões sobre as quais gostam de se exercitar podem finalmente ser estabelecidas e uma descoberta positiva, que pode retirar um assunto válido da arena do debate literário, está de acordo com uma aversão oculta. Essa disposição é a verdadeira devassidão do pensamento. Mas a alma e o sentido do pensamento, abstraídos dos outros elementos que os acompanham, embora possam ser voluntariamente contrariados, não podem nunca ser dirigidos para qualquer coisa, exceto a produção de crença. O pensamento em ação tem, por seu único motivo possível, a obtenção do pensamento em repouso e o que não se refere à crença não faz parte do próprio pensamento.

E o que, então, é a crença? É a semicadência que fecha uma frase musical na sinfonia de nossa vida intelectual. Vimos que ela tem exatamente três propriedades. Primeira: é algo de que temos consciência; segunda: satisfaz a irritação da dúvida; terceira: envolve o estabelecimento em nossa natureza de uma regra de ação ou, em resumo, um *hábito*. Como ela acalma a irritação da dúvida, que é o motivo de se pensar, o pensamento relaxa e descansa por um momento, quando a crença é alcançada. Mas, uma vez que esta é uma regra para a ação, cuja aplicação envolve uma dúvida e um pensamento posteriores, ao mesmo tempo que é um ponto de parada, é também um novo ponto de partida para o pensamento. É por isso que me permiti chamá-lo de pensamento em repouso, embora seja essencialmente uma ação. O resultado *final* do pensamento é o exercício da volição e deste pensamento não mais faz parte; mas a crença é apenas uma fase da ação mental, um efeito sobre nossa natureza devido ao pensar, que influenciará o pensamento futuro.

A essência da crença é o estabelecimento de um hábito e crenças diferentes são distinguidas por modos diferentes de ação aos quais dão origem. Se as crenças não diferissem a esse respeito, se elas acalmassem a mesma dúvida ao produzirem a mesma regra de ação, então nenhuma diferença na maneira de se ter consciência delas pode fazê-las crenças diferentes, não mais do que tocar um tom em diferentes chaves é tocar diversos tons. Distinções imaginárias são freqüentemente retiradas entre crenças que diferem apenas em seu modo de expressão — porém, a disputa que asseguram é suficientemente real. Tais falsas distinções causam tanto prejuízo quanto a confusão de crenças realmente diferentes e estão entre as armadilhas das quais devemos constantemente ter consciência, especialmente quando nos encontramos sobre terreno metafísico. Um engano singular desse tipo, que freqüentemente ocorre, é confundir a sensação produzida por nossa própria ausência de clareza de pensamento em relação a um caráter do objeto em que estamos pensando. Em vez de perceber que a obscuridade é puramente subjetiva, fantasiamos que contemplamos uma qualidade do objeto que é essencialmente misteriosa; e se nossa concepção nos fosse depois apresentada de uma forma clara, não a reconhecemos como ela, devido à ausência do sentimento de incompreensibilidade. Tanto quanto dura essa decepção, ela obviamente coloca uma barreira intransponível no caminho do pensamento claro, de modo que ela igualmente interessa aos oponentes do pensamento racional para perpetuá-la e aos seus adeptos de se guardarem contra ela.

Uma outra dessas decepções é confundir uma simples diferença na construção gramatical de duas palavras com uma distinção entre as idéias que elas expressam. Nesta época pedante, quando a ralé de escritores presta muito mais atenção às palavras do que às coisas, esse erro é suficientemente comum. Quando eu disse exatamente que o pensamento é uma ação e que ele consiste numa *relação*, embora uma pessoa desempenhe uma ação, mas não uma relação, que pode apenas ser resultado de uma ação, contudo não houve inconsistência naquilo que eu disse, mas apenas uma falta de precisão gramatical.

De todos esses sofismos estamos perfeitamente seguros tanto quanto refletimos que toda função do pensamento é produzir hábitos de ação; e o que esteja conectado a um pensamento, mas irrelevante ao seu propósito, é um acréscimo a ele, porém não faz parte dele. Se há uma unidade entre nossa(s) sensação(ões) que não faça qualquer referência a como agiremos numa dada ocasião, como quando ouvimos uma peça musical, porque não chamamos a isso de pensar. Para desenvolver seu significado, temos, portanto, que determinar simplesmente que hábitos ele produz, pois o que uma coisa significa é simplesmente que hábitos ela envolve. Agora, a identidade de um hábito depende de como ele nos leva a agir, não meramente sob que circunstâncias provavelmente surge, mas sob como poderia possivelmente ocorrer, não importa quão improváveis elas possam ser. O que o hábito é depende de *quando* e *como* ele nos leva a agir. Enquanto para o *quando*, todo estímulo para a ação é derivado da percepção, para o *como* todo propósito de ação é produzir algum resultado sensível. Assim, cedemos ao que é tangível e prático, como a raiz de toda distinção real de pensamento, não importa quão sutil ele possa ser; e não há distinção de significado tão boa quanto consistir em qualquer coisa, exceto uma possível diferença de prática.

Para ver ao que leva este princípio, considere-o à luz de uma doutrina como aquela da transubstanciação. As igrejas Protestantes geralmente sustentam que os elementos do sacramento são apenas carne e sangue num sentido tropical; eles alimentam nossas almas como a carne e o suco dela nutrem nossos corpos. Mas os católicos sustentam que eles são exatamente isso, embora possuam todas as qualidades sensíveis de hóstias e vinho diluído. Mas podemos não ter nenhuma concepção do vinho, exceto que pode entrar numa crença ou:

1. Que este ou outro é vinho; ou

2. Que o vinho possui certas propriedades.

Tais crenças não são nada além de autonotificações que, na ocasião, agiríamos em relação a tais coisas como acreditamos ser vinho, de acordo com as qualidades que cremos que o vinho possui. A ocasião de uma tal ação seria alguma percepção sensível, cujo motivo é produzir algum resultado sensível. Assim, nossa ação tem referência exclusiva ao que afeta os sentidos, nosso hábito tem a mesma conduta que a nossa ação, nossa crença a mesma que nosso hábito, nossa concepção a mesma que nossa crença; e conseqüentemente podemos não usar qualquer significado ao vinho, exceto que possui certos efeitos, diretos ou indiretos, sobre nossos sentidos; e falar de algo como tendo todas as características sensíveis de vinho, contudo sendo, na realidade, sangue, é um jargão sem sentido. Agora, não é meu objetivo prosseguir com a questão teológica; e tendo usado-a como exemplo lógico, eu a abandono, sem cuidar em antecipar a réplica dos teólogos. Apenas desejo apontar quão impossível é que devemos ter uma idéia em nossas mentes que se relacione a alguma coisa, considerados apenas os efeitos sensíveis das coisas. Nossa idéia de alguma coisa *é* de seus efeitos sensíveis; e se fantasiamos que temos alguma outra, nos decepcionamos e confundimos uma simples sensação acompanhando o pensamento com uma parte do próprio pensamento. É absurdo dizer que o pensamento tem algum significado não relacionado à sua única função. É tolice de Católicos e Protestantes imaginarem-se em desacordo sobre os elementos do sacramento, se concordam em relação a todos os seus efeitos sensíveis, agora ou no futuro.

Parece, então, que a regra para se alcançar o terceiro grau de clareza de apreensão é como se segue: Considere que efeitos, que poderiam ter concebivelmente condutas práticas, concebemos que tenha o objeto de nossa concepção. Então, nossa concepção desses efeitos é o todo da do objeto.

III

Vamos ilustrar essa regra através de alguns exemplos e, para começar com o mais simples possível, vamos perguntar o que queremos dizer ao chamarmos uma coisa de *dura*. Evidentemente não será marcada por muitas outras substâncias. Toda a concepção dessa qualidade, como de cada outra, repousa em seus efeitos concebidos. Não há absolutamente diferença entre uma coisa dura e outra mole enquanto não forem testadas. Suponha, então, que um diamante pudesse ser cristalizado no meio de uma almofada de algodão e ali permanecesse até que finalmente se destrua. Seria falso dizer que esse diamante era mole? Essa parece uma questão tola e assim seria, de fato, exceto no domínio da lógica. Freqüentemente há tais questões da maior utilidade tanto servindo para trazer princípios lógicos à crença mais aguçada quanto discussões reais o poderiam. Ao estudarmos lógica não devemos colocá-las ao lado de respostas rápidas, mas devemos considerá-las com cuidado atento, a fim de compreender os princípios envolvidos. Podemos, no caso presente, modificar nossa questão e perguntar o que nos impede de dizer que todos os corpos duros permanecem perfeitamente moles até que sejam tocados, quando sua dureza aumenta com a pressão até que são arranhados. A reflexão mostrará que a réplica é esta: não deveria haver *falsidade* em tais modos de discurso. Eles envolveriam uma modificação de nosso uso presente em relação às palavras duro e mole, mas não de seus significados. Pois elas não representam qualquer fato que seja diferente do que é; apenas envolvem arranjos de fatos que seriam excessivamente desastrosos. Isso nos leva a notar que a questão do que ocorreria sob circunstâncias que realmente não surgem não é uma questão de fato, mas apenas o arranjo mais claro delas. Por exemplo, a questão do *livre-arbítrio e do destino* em sua forma mais simples, despida de verbosidade, é algo semelhante a isto: Fiz alguma coisa da qual me envergonho; poderia, por um esforço de vontade, ter resistido à tentação e feito outra coisa? A réplica filosófica é que essa não é uma questão de fato, mas apenas do arranjo dos fatos. Arranjando-os de modo a que exibam o que é particularmente pertinente à minha questão — a saber, que eu deveria repreender-me por ter feito algo errado — é perfeitamente verdadeiro dizer que, se tivesse desejado algo diferente do que fiz, deveria ter feito. Por outro lado, arranjando os fatos de modo que exibam uma outra consideração importante, é igualmente verdadeiro que, quando se permitiu que uma tentação agisse uma vez, ela produzirá, se tiver uma certa força, seu efeito, deixem-me lutar como eu puder. Não há objeção a uma contradição que resultaria de uma falsa suposição. A *reductio ad absurdum* consiste em mostrar que resultados contraditórios seguir-se-iam a uma hipótese, que é conseqüentemente julgada como falsa. Muitas questões estão envolvidas na discussão do livre-arbítrio e eu estou longe de dizer que ambos os lados estão igualmente certos. Pelo contrário, sou de opinião que um dos lados nega fatos importantes e que o outro não. Mas digo que a simples questão acima era a origem de toda a dúvida; que, não fosse esta a questão, a controvérsia nunca teria surgido; e que esta questão é perfeitamente resolvida da maneira que indiquei.

Em seguida, vamos buscar uma idéia clara de Peso. Este é um outro caso muito fácil. Dizer que um corpo é pesado significa simplesmente que, na ausência de uma força oposta, ele cairá. Essa (negligenciando certas especificações de como ele cairá, etc., que existe na mente do físico que usa a palavra) é evidentemente toda a concepção de peso. É uma questão oportuna se alguns fatos particulares podem não *contar* para a gravidade; mas o que queremos dizer pela própria força está completamente envolvido em seus efeitos.

Isso nos leva a realizar um cálculo da idéia de Força em geral. Essa é a grande concepção que, desenvolvida na parte inicial do século XVII a partir da idéia grosseira de uma causa e constantemente melhorada desde então, tem nos mostrado como explicar todas as mudanças de movimento que os corpos experimentam e como pensar a respeito de todos os fenômenos físicos; o que deu origem à ciência moderna e mudou a face do globo e que, ao lado de seus usos mais especiais, desempenhou um papel principal na direção do curso do pensamento moderno e no desenvolvimento social moderno posterior. Portanto, vale a pena sofrer um pouco para compreendê-la. De acordo com nossa regra, precisamos começar perguntando qual é o uso imediato do pensamento sobre a força e a resposta é que, assim, podemos considerar as mudanças de movimento. Se os corpos fossem deixados a si mesmos, sem a intervenção de forças, todo movimento continuaria imutável tanto em velocidade quanto em direção. Além disso, a mudança de movimento nunca ocorre abruptamente; se sua direção é alterada, é sempre através de uma curva sem ângulos; se sua velocidade se altera, isso ocorre em graus. As mudanças graduais que estão constantemente ocorrendo são concebidas pelos geômetras como compostas de acordo com as regras do paralelogramo de forças. Se o leitor ainda não sabe o que é isso, terá a vantagem, espero, de se esforçar para seguir a próxima explicação; mas, se a matemática for insuportável para ele, rogamo-lhe que pule três parágrafos em vez de nos fazer companhia aqui.

Uma *trajetória* é uma linha cujo início e fim são conhecidos. Duas trajetórias são consideradas equivalentes quando, iniciando no mesmo ponto, levam ao mesmo ponto. Assim, as duas trajetórias A B C D E e A F G H E são equivalentes. Trajetórias que *não* iniciam no mesmo ponto são consideradas equivalentes, estabelecido que, ao se mover uma delas sem girá-la, mas mantendo-a sempre paralela à sua posição original, quando sua origem coincide com aquela da outra trajetória, seu término também coincide. Trajetórias são consideradas como geometricamente somadas quando uma começa onde a outra termina; assim, a trajetória AE é concebida como a soma de AB, BC, CD e DE. No paralelograma, a diagonal AC é a soma de AB e BC; ou, uma vez que AD é geometricamente equivalente a BC, AC é a soma geométrica de AB e AD.

Tudo isso é puramente convencional. Simplesmente equivale a: escolhemos chamar de trajetórias aquelas que têm as relações que descrevi como iguais ou somadas. Mas, embora seja uma convenção, é com uma boa razão. A regra para a adição geométrica pode ser aplicada não apenas a trajetórias, mas a quaisquer outras coisas que podem ser representadas por elas. Agora, como uma trajetória é determinada pela variação de direção e distância da origem, que se move sobre ela a partir do ponto de origem, segue-se que qualquer coisa que, de sua origem até seu término, é determinada por uma direção e uma magnitude variadas é capaz de ser representada por uma linha. Conseqüentemente, *velocidades* podem ser representadas por linhas, pois elas têm apenas direções e valores. O mesmo é verdadeiro para *acelerações* ou alterações de velocidade. Isso é bastante evidente no caso de velocidades e torna-se evidente para acelerações se considerarmos precisamente que as velocidades estão para as posições — a saber, estados de mudanças destas — assim como as acelerações estão para as velocidades.

O assim chamado "paralelograma de forças" é simplesmente uma regra para compor acelerações. A regra é: representar as acelerações por trajetórias e, então, geometricamente somar trajetórias. Os geômetras, porém, não apenas usam o "paralelograma de forças" para compor diferentes acelerações, mas também para decompor uma aceleração em uma soma de várias. Deixemos que AB seja a trajetória que representa uma certa aceleração, isto é, uma mudança no movimento de um corpo que, no final de um segundo, sob a influência daquela mudança, estará numa posição diferente daquela em que estaria se seu movimento continuasse imutável, tal que uma trajetória equivalente a AB levaria da última posição à primeira. Essa aceleração pode ser considerada como a soma das acelerações representadas por AC e CB. Pode também ser considerada como a soma das acelerações diferentes representadas por AD e DB, em que AD é quase o oposto de AC. E é claro que há uma imensa variedade de caminhos nos quais AB poderia ser decomposta na soma de duas acelerações.

Após essa tediosa explicação, que espero, em vista do extraordinário interesse da concepção de força, não tenha exaurido a paciência do leitor, estamos preparados, finalmente, para estabelecer o grande fato que essa concepção encarna. Esse fato é que se as mudanças reais de movimento que as diferentes partículas dos corpos experimentam são decompostas em seu modo apropriado, cada aceleração componente é precisamente tal que é prescrita por uma certa lei da Natureza, segundo a qual os corpos em posições relativas, que os corpos em questão realmente têm no momento, sempre recebem certas acelerações que, sendo compostas por adição geométrica, fornecem a aceleração que o corpo realmente experimenta.

Esse é o único fato que a idéia de força representa e quem quer que tenha a preocupação de claramente apreender o que esse fato é compreende perfeitamente o que a força é. Se devemos dizer que a força *é* ou *causa* uma aceleração, é uma mera questão de propriedade da linguagem, que não tem nada mais a ver com nosso real significado do que a diferença entre o *"Il fait froid"* do idioma francês e o seu equivalente inglês *"It is cold"*. Contudo, é surpreendente ver como essa simples questão tem desnorteado as mentes dos homens. Em quantos tratados profundos não é a força falada como uma "entidade misteriosa", que parece ser apenas um modo de confessar que o autor desanima de sempre obter uma clara noção do que a palavra significa! Numa recente obra admirável sobre *Mecânica Analítica*, estabeleceu-se que compreendemos o efeito da força, mas o que é a própria força não compreendemos! Isso é simplesmente uma autocontradição. A idéia que a palavra força estimula em nossas mentes não tem outra função a não ser afetar nossas ações e tais ações não podem ter relação com a força que não através de seus efeitos. Conseqüentemente, se conhecemos quais são os efeitos da força, estamos inteirados de cada fato implicado ao se dizer que a força existe e não há nada mais a saber. A verdade é: há uma noção vaga flutuante que uma questão pode significar algo que a mente não pode conceber; e quando alguns filósofos excessivamente minuciosos foram confrontados com o absurdo de tal visão, inventaram uma distinção vazia entre concepções positivas e negativas, na tentativa de dar à sua não-idéia uma forma não obviamente desproposital.

A nulidade dela é suficientemente evidente a partir das considerações dadas nas páginas anteriores e, afora tais considerações, o caráter sofismático da distinção precisa ter afetado toda mente acostumada ao verdadeiro pensar.

IV

Vamos agora abordar o assunto da lógica e considerar uma concepção que particularmente diz respeito a ela, aquela da *realidade*. Usar clareza no sentido de familiaridade, nenhuma idéia poderia ser mais clara do que essa. Toda criança usa-a com perfeita confiança, nunca sonhando que não a compreende. Quanto à clareza em seu segundo grau, porém, provavelmente confundiria a maioria dos homens, mesmo entre aqueles de uma tendência reflexiva da mente, dar uma definição abstrata do real. Contudo, tal definição talvez possa ser alcançada ao se considerar os pontos de diferença entre realidade e seu oposto, a ficção. Esta é um produto da imaginação de alguém; tem as características que o pensamento nela imprime. Que tais características são independentes de como você ou eu pensamos é uma realidade externa. Há, porém, fenômenos dentro de nossas mentes, dependentes de nosso pensamento, que são ao mesmo tempo reais no sentido em que realmente pensamos neles. Mas, embora suas características dependam de como pensamos, eles não dependem do que pensamos que tais características sejam. Assim, um sonho tem uma existência real como um fenômeno mental, se alguém realmente o sonhou; que tal pessoa sonhou assim e assim não depende do que alguém pensa que sonhou, mas é completamente independente de toda opinião sobre o assunto. Por outro lado, considerando não o fato de sonhar, mas a coisa sonhada, permanecem suas peculiaridades por nenhuma outra virtude a não ser o fato de que o que foi sonhado possuí-las. Assim, podemos definir o real como aquilo cujas características são independentes do que qualquer um possa pensar que sejam.

Todavia, mesmo que tal definição seja considerada satisfatória, seria um grande erro supor que torna perfeitamente clara a idéia de realidade. Aqui, então, apliquemos as nossas regras. De acordo com elas, a realidade, como qualquer outra qualidade, consiste em efeitos peculiares sensíveis produzidos pelas coisas que dela participam. O único efeito que as coisas reais têm é causar crença, pois todas as sensações que elas estimulam emergem na consciência sob a forma de crenças. A questão, portanto, é como a verdadeira crença é (no real) distinguida da falsa (na ficção). Agora, como vimos no trabalho anterior, as idéias de verdade e falsidade, em seu completo desenvolvimento, pertencem exclusivamente ao método científico de estabelecer opinião. Uma pessoa que arbitrariamente escolhe as proposições que adotará pode usar a palavra verdade apenas para enfatizar a expressão de sua determinação em manter a sua escolha. Naturalmente o método da tenacidade nunca prevalece exclusivamente; a razão é muito natural aos homens para isso. Mas na literatura da idade das trevas encontramos alguns bons exemplos disso. Quando Scotus Erigena está comentando uma passagem poética na qual se diz que o heléboro causou a morte de Sócrates, ele não hesita em informar o leitor curioso que Helleborus e Sócrates eram dois filósofos gregos eminentes e que o último, tendo sido superado em argumento pelo primeiro, ficou muito sentido com o assunto e morreu disso! Que espécie de idéia de verdade pode ter um homem que adotaria e ensinaria, sem a qualificação de um talvez, uma opinião obtida tão inteiramente ao acaso? O espírito real de Sócrates, que espero teria se deliciado em ter sido "superado em argumento", porque teria aprendido alguma coisa com isso, está em curioso contraste com a idéia ingênua da glossiste; para ele a discussão pareceria ter sido simplesmente uma luta. Quando a filosofia começou a despertar de sua longa inatividade e antes que a teologia a dominasse completamente, a prática parece ter sido a de que cada professor apoderava-se de alguma posição filosófica que encontrasse desocupada e que parecia ser forte para entrincheirar-se nela e, de tempos em tempos, partir para a batalha com outros. Assim, mesmo os escassos registros que possuímos daquelas disputas nos capacitam a tirar uma dúzia ou mais de opiniões sustentadas por diferentes mestres de uma só vez relativas à questão do nominalismo e do realismo. Leiam o prefácio da *Historia Calamitatum,* de Abelardo, que foi certamente tão filosófico quanto qualquer um de seus contemporâneos, e vejam o espírito de combate que ele respira. Para ele, a verdade é simplesmente sua fortaleza particular. Quando o método da autoridade prevaleceu, a verdade significou pouco mais do que a fé Católica. Todos os esforços dos doutores escolásticos são direcionados para harmonizar sua fé em Aristóteles com sua fé na Igreja e se pode procurar em seus enfadonhos manuscritos sem encontrar um argumento que vá mais além. É notável que onde fés diferentes floresceram lado a lado os renegados eram encarados com desprezo mesmo por parte daqueles cuja crença adotavam; tão completamente a idéia de lealdade substituiu aquela da busca da verdade. Desde o tempo de Descartes, o defeito na concepção da verdade tornou-se menos aparente. Ainda, algumas vezes afligirá um cientista que os filósofos têm menos intenção de descobrir o que são os fatos do que perguntar que crença está mais em harmonia com seu sistema. É difícil convencer um seguidor do método *a priori* citando fatos; mas mostrem-lhe que uma opinião que ele defende é inconsistente com o que estabeleceu em algum lugar e ele tornar-se-á bastante apto a retratá-la. Essas mentes não parecem acreditar que a disputa está sempre a cessar; parecem pensar que a opinião natural a um homem não o é para um outro e que a crença, conseqüentemente, nunca será estabelecida. Ao contentarem-se em fixar suas próprias opiniões através de um método que levaria outro homem a um resultado diferente, traem sua fraca sustentação da concepção do que é a verdade.

    Por outro lado, todos os seguidores da ciência estão totalmente persuadidos de que os processos de investigação, se apenas suficientemente impulsionados, darão uma certa solução a toda questão à qual possam ser aplicados. Um homem pode investigar a velocidade da luz estudando os trânsitos de Vênus e a aberração das estrelas; um outro, pelas oposições de Marte e os eclipses dos satélites de Júpiter; um terceiro, pelo método de Fizeau; um quarto, por aquele de Foucault; um quinto pelos movimentos das curvas de Lissajoux; um sexto, um sétimo, um oitavo e um nono podem seguir diferentes métodos de comparação de medidas de eletricidade estática e dinâmica. Podem, inicialmente, obter diferentes resultados, mas, como cada um aperfeiçoa seu método e seus processos, os resultados mover-se-ão estavelmente para um centro destinado. Assim é com toda a pesquisa científica. Mentes diferentes podem exibir os mais antagônicos pontos de vista, mas o progresso da investigação as transporta, por uma força externa a elas, a uma e mesma conclusão. Essa atividade do pensamento, pela qual somos levados, não onde desejamos, mas a um objetivo preordenado, é como a atuação do destino. Nenhuma modificação do ponto de vista tomado, nenhuma escolha de outros fatos para estudo, nenhuma inclinação natural da mente pode capacitar um homem a escapar da opinião predestinada. Essa grande lei está encarnada na concepção de verdade e realidade. A opinião que está destinada a ser finalmente aceita por todos aqueles que investigam é o que queremos indicar por verdade e o objeto representado nessa opinião é o real. Essa é a maneira pela qual eu explicaria a realidade. Mas pode-se dizer que essa visão opõe-se diretamente à definição abstrata que demos de realidade, visto que ela faz as características do real dependerem do que é finalmente pensado a respeito delas. Mas a resposta para isso é que, por um lado, a realidade é independente não necessariamente do pensamento em geral, mas apenas daquilo que você ou eu ou qualquer número finito de homens possa pensar sobre ela; e que, por outro lado, embora o objeto da opinião final dependa do que é tal opinião, o que essa opinião é não depende daquilo que você ou eu ou qualquer homem pensa. Nossa perversidade e aquela de outros podem indefinidamente procrastinar o estabelecimento da opinião; poderiam mesmo concebivelmente fazer com que uma proposição arbitrária fosse universalmente aceita pelo tempo que a raça humana existisse. Contudo, mesmo que não mudasse a natureza da crença, que sozinha poderia ser o resultado de investigação suficientemente profunda e se, após a extinção de nossa raça, uma outra surgisse com faculdades e disposição para a investigação, que opinião verdadeira precisa ser aquela à qual essa raça finalmente chegaria? "A verdade esmagada na terra surgirá novamente" e a opinião que finalmente resultaria da investigação não depende de como alguém pode realmente pensar. Mas a realidade daquilo que é real não depende do fato real que a investigação está destinada a levar, finalmente, se continuada o suficiente, a uma crença nele.

Mas podem me perguntar o que tenho a dizer a todos os fatos exatos da história, esquecidos nunca a ser recuperados, aos livros perdidos dos antigos, aos segredos enterrados.

    Uma gema do mais puro raio sereno
        As escuras, insondáveis cavernas do oceano possuem;
    Uma flor nasce para o rubor invisível,
        E desperdiça sua doçura no ar deserto.

Essas coisas realmente não existem porque estão desesperadamente além do alcance de nosso conhecimento? E então, após a morte do Universo (de acordo com a predição de alguns cientistas) e a cessação de toda a vida para sempre, o choque de átomos continuará, embora não haja mais mente para conhecê-lo? A isso replico que, embora em nenhum estado possível de conhecimento possa qualquer número ser suficientemente grande para expressar a relação entre a quantidade do que resta desconhecido e aquela do que é conhecido, contudo não é filosófico supor que, em relação a qualquer dada questão (que tem algum significado claro), a investigação não traria uma solução para ela, se fosse suficientemente conduzida. Quem teria dito, há alguns anos, que poderíamos sempre saber de que substâncias são feitas as estrelas, cuja luz pode ter levado mais tempo para chegar a nós do que a existência da raça humana. Quem pode estar certo do que não saberemos em algumas centenas de anos? Quem pode adivinhar qual seria o resultado de se continuar a busca da ciência por dez mil anos, com a atividade da última centena? E se fosse continuar por um milhão ou um bilhão ou qualquer número de anos que se quiser, como é possível dizer que há qualquer questão que não possa finalmente ser resolvida?

Mas pode se objetar: "Por que fazer tantas dessas considerações remotas, especialmente quando é seu princípio que apenas as distinções práticas têm um significado?" Bem, preciso confessar que faz muito pouca diferença se dizemos que uma pedra no fundo do oceano em completa escuridão é brilhante ou não — isto é, que *provavelmente* não faz diferença, lembrando-se sempre de que tal pedra *pode* ser pescada amanhã. Mas que há gemas no fundo do mar, flores no deserto inexplorado, etc., são proposições que, como aquela sobre o diamante ser duro quando não é pressionado, relacionam-se muito mais com o arranjo de nossa linguagem do que o faz o significado de nossas idéias.

Parece-me, porém, que, pela aplicação de nossa regra, alcançamos uma apreensão muito clara do que queremos dizer por realidade e do fato do qual a idéia depende, que não deveríamos, talvez, estar fazendo uma pretensão tão presunçosa quanto seria singular se oferecêssemos uma teoria metafísica de existência de aceitação universal entre aqueles que empregam o método científico de fixar a crença. Porém, como a metafísica é um assunto muito mais curioso do que útil, o conhecimento dela, como aquele de um recife submerso, serve principalmente a nos capacitar a esclarecê-la, não preocuparei o leitor com nenhuma Ontologia a mais neste momento. Já fui muito mais longe nesse caminho do que teria desejado e dei ao leitor uma tal dose de matemática, psicologia e tudo o que é mais abstruso que temo que ele já tenha me abandonado e que o que estou agora escrevendo servirá exclusivamente ao tipógrafo e ao revisor. Confiei na importância do assunto. Não há estrada majestosa para a lógica e idéias realmente valiosas só podem ser obtidas à custa de muita atenção. Mas sei que a respeito de idéias o público prefere o que é barato e indecente; e em meu próximo trabalho retornarei ao facilmente inteligível e não me desviarei dele novamente. O leitor que sentiu as dores de prosseguir ao longo de todo este trabalho será premiado no próximo ao ver quão belamente aquilo que foi desenvolvido neste tedioso caminho pode ser aplicado à averiguação das regras do raciocínio científico.

Até aqui não cruzamos o limiar da lógica científica. Certamente é importante saber como tornar claras as nossas idéias, mas elas podem ser até muito claras sem ser verdadeiras. Como torná-las assim é o que estudaremos em seguida. Como dar origem àquelas idéias vitais e procriadoras, que se multiplicam em milhares de formas e se difundem para toda a parte, acelerando a civilização e fazendo a dignidade do homem, é uma arte ainda não reduzida a regras, mas desse segredo a história da ciência fornece algumas pistas.

* * * * *

Charles Sanders Peirce
(1839-1914)

A obra de Charles Sanders Peirce foi coletada após sua morte[5] e os escritos aparecidos durante sua vida não chegaram a compor uma obra sistematicamente construída, o que seria impensável, inclusive, em face da sua persistente concepção de uma doutrina de um permanente e radical acaso (o chamado tiquismo peirceano), mas, precisamente por esse arcabouço teórico permanecer consistentemente mantido na maior parte de sua obra é que nos aventuramos a expor o que, pensamos, possa ser chamado de esboço de sistema de Peirce.

Pensar filosoficamente[6] é movimento análogo à conjectura sobre o Universo segundo métodos científicos e mediante o concurso de tudo que foi feito por pensadores anteriores. Tal atitude implica aceitar o contexto acessível a cada pensador em seu tempo e, ademais, compreender que as proposições apóiam-se nos argumentos disponíveis a quem argumenta, obtendo-se, então, uma hipótese não inteiramente despida de procedência, na linha geral de desenvolvimento das idéias científicas, e suscetível de ver-se confirmada ou refutada por observadores futuros. Como conseqüência, a obra de Peirce não impõe regras, indica certas idéias e aduz razões para

---

5. *The Collected Papers of Charles Sanders Peirce*, editados por Charles Hartshorne e Paul Weiss (1931 a 1934), V. I a VI e editados por A. Burks (1958), v. VII e VIII, todos por Harvard University Press.
6. Cf. op. cit., v. I, b. I, C. I, pp. 3-14.

que se as considere verdadeiras e se volta a pessoas que desejem perquirir, isto é, àquelas que reconheçam não possuir, ainda, um conhecimento satisfatório. Sendo o conhecimento real e associado a um intenso desejo de descobrir e, ademais, assumindo-se o falibilismo retrodescrito, perquirir implica explicar o significado de termos gerais (substantivos e adjetivos) usados por pesquisadores em seus campos de estudo pelo emprego que recebem, tais termos, naqueles campos de pesquisa. Sendo impossível elucidar um termo mediante seu emprego na pesquisa implica ser o referido termo destituído de sentido para fins científicos.

Para alcançar o significado pragmático de um determinado termo presente em um enunciado singular, isto é, aquele em que um predicado é aplicado a um sujeito, seria necessário, antes de mais nada, entendê-lo como um enunciado condicional. Empregando um exemplo de Peirce: "Isto é duro" para efeitos pragmáticos dever-se-ia tornar: "Se tentássemos riscar isto, não o conseguiríamos". Notamos, dessarte, que buscar o significado de um enunciado qualquer implica, segundo sua doutrina, estabelecer uma proposição hipotética em que o antecedente do condicional estabeleça uma operação executável por seres humanos e cujo conseqüente aluda a algo observado ou experimentado pelo cognoscente, se cumpridas as condições impostas pelo condicional.

É relevante, ademais, indicar que, sob o ponto de vista peirceano, dois termos são sinônimos sempre que suas definições ou traduções são equivalentes. Ainda, são destituídos de sentido os termos que não admitem tradução. Essa doutrina antecipa, em muito, posturas como a de Percy W. Bridgman e demais operacionalistas e, ainda, as discussões dos positivistas lógicos sobre o significado de termos metafísicos.

Para nossos efeitos, resta-nos, apenas, apontar algumas características do que se denominou *tiquismo*. Essa doutrina sustenta que o mundo evolui de um caos de sentimentos despersonalizados para um sistema racional e simétrico, implicando, de pronto, a ação interpretativa do

Homem sobre os dados da experiência. Para perfazer tal interpretação o sujeito serve-se de leis decorrentes de hábitos associados a determinados objetos materiais. Deve-se ter em conta que leis, no âmbito da natureza, nada mais seriam senão regularidades estatísticas percebidas pelo observador e dele pedindo razões.

William James

Conceitos Filosóficos e Resultados Práticos

Procurarei definir com vocês apenas o que parece ser a direção mais provável para se iniciar a trilha da verdade. Anos atrás essa direção me foi dada por um filósofo americano, cujo lar é no Oriente e cujas obras publicadas, poucas como são e dispersas em periódicos, não dão expressão a seus poderes. Refiro-me ao Sr. Charles S. Peirce, cuja existência enquanto filósofo muitos de vocês, ouso dizer, desconhecem. É um dos pensadores mais originais da contemporaneidade e o princípio do praticalismo — ou pragmatismo, como ele o chamou, quando o ouvi pela primeira vez enunciá-lo, em Cambridge, no início dos anos 70 — é a chave ou compasso, que, ao segui-lo, confirmei mais e mais a crença de que podemos manter nossos pés na trilha adequada.

O princípio de Peirce, como podemos chamá-lo, pode ser expresso de inúmeras maneiras, todas elas bastante simples. No *Popular Science Monthly*, de janeiro de 1878, ele o introduz assim: "A alma e o significado do pensamento", ele diz, "podem nunca se dirigir para alguma coisa, exceto a produção da crença, sendo a crença a semicadência que fecha uma frase musical na sinfonia de nossa vida intelectual. O pensamento em movimento tem, assim, como seu único motivo possível, a realização do pensamento em repouso. Mas, quando nosso pensamento sobre um objeto encontra seu repouso na crença, então nossa ação sobre o assunto pode firme e seguramente começar. As crenças, em resumo, realmente constituem regras para a ação e toda função do pensamento é apenas um passo na produção de hábitos de ação. Se houvesse qualquer parte de um pensamento que não fizesse diferença nas conseqüências práticas do pensamento, então aquela parte não seria o elemento adequado do significado do pensamento. Assim, o mesmo pensamento pode ser revestido de diferentes palavras; mas, se as diferentes palavras não sugerem conduta diferente, são meras adições e não participam do significado do pensamento. Se, porém, determinam condutas diferentes, são elementos essenciais do significado. "Por favor, abra a porta" e "*Veuillez ouvrir la porte*", em francês, significam exatamente a mesma coisa; mas "você, abra a porta", *significa* algo muito diferente. Assim, para desenvolver um significado de pensamento, precisamos apenas determinar qual conduta está preparado para produzir; essa conduta é, para nós, seu único significado. E o fato tangível na raiz de todas as nossas distinções de pensamento, embora sutil, é que não há nenhuma delas tão clara de maneira a consistir em algo, mas numa possível diferença de prática. Então, para alcançar a perfeita clareza em nossos pensamentos a respeito de um objeto, precisamos apenas considerar quais os efeitos de uma espécie prática concebível o objeto pode envolver — que sensações esperamos dele e que reações precisamos preparar. Nosso conceito desses efeitos, então, é para nós o todo de nossa concepção do objeto, na medida em que essa concepção tenha, de qualquer modo, significado positivo".

Este é o princípio de Peirce, o princípio do pragmatismo. Eu mesmo acho que ele deveria ser expresso mais amplamente do que o fez o Sr. Peirce. O Teste final, para nós, do que uma verdade significa é, de fato, a conduta que ela dita ou inspira. Mas ela inspira tal conduta porque primeiro prediz alguma direção particular para nossa experiência, que exigiria de nós exatamente aquela conduta. E eu preferiria, para nossos propósitos nesta noite, expressar o princípio de Peirce dizendo que o significado efetivo de qualquer proposição filosófica pode sempre ser reduzido a alguma conseqüência particular, em nossa experiência prática futura, seja ativa ou passiva; o ponto repousa mais no fato de que a experiência precisa ser particular do que no fato de que precisa ser ativa.

Para entender a importância deste princípio, é preciso estar acostumado a aplicá-lo a casos concretos. Tal uso, como sou capaz de fazê-lo, me convence de que estar atento a ele em disputas filosóficas tende maravilhosamente a aplainar divergências e trazer a paz. Se ele nada mais fizesse, então, permitir-se-ia uma regra de método soberanamente valiosa para discussão. Assim, devotarei o restante dessa hora preciosa com vocês para a sua elucidação, porque sinceramente acho que, se vocês a compreenderem, ela afastará os seus passos das muitas antigas aberturas falsas e irá orientá-los na verdadeira direção da trilha.

Uma das primeiras conseqüências é esta. Suponham que há duas definições filosóficas diferentes ou proposições ou máximas ou não sei o que mais, que parecem contradizer uma à outra e sobre as quais as pessoas divergem. Se, supondo-se a verdade de uma dela, vocês não puderem prever nenhuma conseqüência prática concebível para qualquer um em qualquer tempo ou lugar, o que é diferente daquilo que vocês preveriam se supusessem a verdade da outra, porque, então, a diferença entre as duas proposições é apenas ilusória e verbal, cuja discussão ulterior não vale a pena. Ambas as fórmulas significam radicalmente a mesma coisa, embora possam dizê-la com palavras muito diferentes. É surpreendente ver como muitas disputas filosóficas tornam-se insignificantes no momento em que a sujeitam a este simples teste. Pode não haver diferença que não faz diferença — nenhuma diferença em verdade abstrata que não expressa a si mesma numa diferença do fato concreto e da conduta conseqüente sobre o fato, imposta sobre alguém, de algum modo, em algum lugar e em alguma hora. É verdade que uma certa retração de valores freqüentemente parece ocorrer em nossas fórmulas gerais, quando medimos o seu significado deste modo prático e prosaico. Eles diminuem. Mas a vastidão, que é simplesmente incerteza, é uma falsa aparência de importância e uma vastidão não é digna de ser retida. Os x, y e z sempre murcham, como tenho ouvido um amigo letrado dizer, sempre que, ao final de seus cálculos algébricos, eles se transformam em inúmeros a, b e c; mas toda função da álgebra é, afinal, mantê-los nessa forma e toda a função da filosofia deveria ser encontrar qual diferença definida fará para vocês e para mim, em instantes definidos de nossas vidas, se esta ou aquela fórmula-mundo será a verdadeira.

Se começarmos com um caso impossível, veremos, talvez muito mais claramente, o uso e o objetivo de nosso princípio. Vamos, portanto, nos colocar, na imaginação, numa posição a partir da qual nenhuma previsão de conseqüência, nenhum ditame de conduta possam possivelmente ser feitos, de modo que o princípio do pragmatismo não encontre campo de aplicação. Vamos assumir que o presente momento é absolutamente o último do mundo, com não-existência além dele e nenhuma vida futura tanto para a experiência quanto para a conduta.

Agora, digo que, nesse caso, não haveria nenhum sentido em alguns de nossos mais urgentes e envenenados debates religiosos e filosóficos. A questão "É a matéria o produtor de todas as coisas ou há um Deus também?" ofereceria, por exemplo, uma alternativa perfeitamente inútil e insignificante se o mundo terminasse e nada mais houvesse dele. Muitos de nós, a maioria, eu acho, sentem agora como se uma frialdade e um desalento terríveis cobrissem o mundo e fôssemos forçados a acreditar que nenhum espírito ou propósito esclarecedor tivesse o que fazer com eles, apenas simples e acidentalmente acontecessem. Os detalhes realmente experimentados do fato poderiam ser os mesmos em qualquer hipótese, alguns tristes, outros alegres, alguns racionais, esquisitos e grotescos, mas sem um Deus por trás deles, achamos que teriam algo assombroso, não contariam nenhuma história genuína, não haveria especulação naqueles olhos que eles fixariam. Por outro lado, com Deus, eles cresceriam sólidos, animados e totalmente cheios de real significado. Mas digo que uma tal alternância de sentimentos, suficientemente razoável em uma consciência que é prospectiva, como é a nossa agora, e cujo mundo está parcialmente para surgir, seria absolutamente sem sentido e irracional numa consciência puramente retrospectiva repetindo um mundo já passado. Para uma tal consciência nenhum interesse emocional poderia recair sobre a alternativa. O problema seria puramente intelectual e se pudesse ser demonstrado, com alguma plausibilidade científica, que unicamente a matéria computa os fatos reais, então nem a mais pálida sombra deveria enevoar a mente de arrependimento para com o Deus que, pelos mesmos cálculos, provar-se-ia desnecessário e desapareceria de nossa crença.

Vamos sinceramente considerar apenas o caso e dizer qual seria o *valor* de um tal Deus, se ele *estivesse* lá, com sua obra realizada e seu mundo deteriorado. Ele não valeria mais do que esse mundo. Seu poder criativo poderia obter um tal resultado, com seus méritos e defeitos misturados, mas não iria mais longe. E desde que não há futuro, desde que todo valor e significado do mundo já tenha sido pago e realizado nos sentimentos que com ele vieram em sua passagem e, agora, com ele vão no final; desde que não se extrai nenhum significado suplementar (tal como o faz nosso mundo real) de sua função na preparação de algo ainda por vir; por que, então, por ele assumimos a medida de Deus, como ele era? Ele é o Ser que poderia, de uma vez por todas, fazer *isso* e por isso muitos de nós são gratos a ele, mas por nada mais. Porém agora, na hipótese contrária, isto é, que os bocados de matéria, seguindo suas leis, pudessem fazer aquele mundo e não menos, não deveríamos ser exatamente tão gratos a eles? Em que perderíamos, então, se colocássemos Deus como uma hipótese e fizéssemos da matéria a única responsável? De onde viriam o desalento especial, a "grosseria" e o horror? E como, a experiência sendo o que é definitivamente, a presença de Deus nele torná-lo-ia mais "vivo", mais rico à nossa visão?

Francamente, é impossível dar qualquer resposta a essa questão. Supõe-se que o mundo realmente experimentado seja o mesmo em ambas as hipóteses, "o mesmo, para nossa glória ou culpa", como diz Browning. Ele permanece ali irrevogável; um presente que não pode ser devolvido. Chamar a matéria de sua causa não retrata um único dos itens que o formaram, nem chamar Deus de causa os aumenta. Eles são o Deus ou os átomos, respectivamente, exatamente deste e não de outro mundo. Deus, se houver, estaria fazendo exatamente o que os átomos fariam — apresentando-se, por assim dizer, de acordo com seu caráter de átomos — e obtendo a gratidão que é devida aos átomos e nada mais. Se Sua presença não traz nenhuma mudança ou resultado diferente ao seu desempenho, certamente não lhe traz nenhum acréscimo de dignidade. Nem haveria indignidade se Ele estivesse ausente e os átomos permanecessem os únicos atores no palco. Quando uma peça de teatro termina e as cortinas se fecham, vocês realmente não a tornam melhor ao chamar de gênio ilustre o seu autor, exatamente como não a tornam pior chamando-o de mercenário comum.

Assim, se nenhum detalhe de experiência ou conduta futuros for deduzido a partir de nossa hipótese, o debate entre materialismo e teísmo torna-se totalmente inútil e insignificante. Matéria e Deus nesse evento significam exatamente a mesma coisa — o poder, isto é, nem mais nem menos, que pode fazer exatamente este mundo confuso, imperfeito, contudo completo — e sábio é aquele que, em tal caso, daria as costas a uma tal discussão desnecessária. Portanto, a maioria dos homens instintivamente — e uma grande classe de homens, os chamados cientistas ou positivistas, deliberadamente — volta as costas para as disputas filosóficas, a partir das quais nada, na linha de conseqüências futuras definidas, pode ser visto. O caráter verbal e vazio de nossos estudos é seguramente uma vergonha com a qual vocês, da União Filosófica, estão apenas muito tristemente familiarizados. Um estudante saído de Berkeley disse-me, em Harvard, certo dia — ele nunca estivera no departamento de filosofia aqui — "Palavras, palavras, palavras, é tudo com o que vocês, filósofos, se preocupam". Nós, filósofos, achamos isso muito injusto e, contudo, se o princípio do pragmatismo for verdadeiro, é perfeitamente uma sonora vergonha, a menos que se possa demonstrar que as alternativas metafísicas sob investigação têm resultados alternativos práticos, por mais delicados e distantes que possam ser. O homem comum e o cientista não conseguem descobrir tais resultados. E se o metafísico também não consegue discernir nenhum, o homem comum e o cientista certamente têm o direito de se colocar contra ele. Sua ciência é, então, apenas uma futilidade pomposa e o dote de um professorado para um tal ser seria algo realmente absurdo.

Do mesmo modo, em todo debate metafísico genuíno há algum resultado prático, porém remoto, envolvido. Para perceberem isso, retornem comigo à questão do materialismo e do teísmo e coloquem-se, desta vez, no mundo real em que vivemos, o mundo que tem um futuro, que ainda não está completo enquanto falamos. Neste mundo não terminado, a alternativa do "materialismo ou teísmo?" é intensamente prática e vale a pena para nós gastar alguns minutos de nosso tempo na busca de quão verdadeiro é este caso.

Como, de fato, o programa varia para nós, se considerarmos que os fatos da experiência atual são configurações despropositadas de átomos movendo-se segundo leis eternas elementares ou que, por outro lado, elas se devem à providência de Deus? Tão longe quanto possam ir os fatos do passado, realmente não há diferença. Tais fatos são, estão capturados, aprisionados e o bem que há neles foi alcançado, tenha sido Deus ou os átomos a sua causa. Há, do mesmo modo, muitos materialistas à nossa volta hoje que, ignorando inteiramente os aspectos práticos e futuros da questão, buscam eliminar o ódio ligado à palavra materialismo e até eliminar a própria palavra, mostrando que, se a matéria pudesse dar origem a todos esses ganhos, por que, então, a matéria, funcionalmente considerada, é exatamente uma entidade tão divina quanto Deus, de fato coalesce com Deus, é o que vocês querem indicar como Deus. Parem, advertem-nos tais pessoas, de usar qualquer desses termos, com sua crescente oposição. Usem termos, por um lado, livres de conotações clericais e, por outro, livres da sugestão de grosserias, rudezas, ignobilidade. Falem do mistério primal, da energia desconhecida, do único poder, em vez de dizer Deus ou matéria. Este é o curso ao qual o Sr. Spencer nos impele no final do primeiro volume de sua *Psychology*. Em algumas páginas bem escritas, ele nos mostra que uma "matéria" tão inifinitamente sutil, realizando movimentos tão inconcebivelmente rápidos e corretos quanto postula a ciência moderna em suas explanações, não deixa qualquer traço de grosseria. Ele mostra que a concepção de espírito, como nós, mortais, até agora imaginamos, é ela mesma muito grosseira para recobrir a estranha complexidade dos fatos da Natureza. Ambos os termos, ele diz, são apenas símbolos apontando para aquela realidade incognoscível, na qual cessam as oposições.

Ao longo dessas observações do Sr. Spencer, eloqüentes e até nobres num certo sentido, como o são, ele parece pensar que o desgosto do homem comum em relação ao materialismo provém de um desdém puramente estético no tocante à matéria, como algo grosseiro em si mesmo, vil e desprezível. Indubitavelmente, um tal desdém estético em relação à matéria desempenha um papel na história filosófica. Mas não faz parte dos desgostos de um homem moderno inteligente. Dêem-lhe uma matéria confinada para sempre por suas leis para levar nosso mundo cada vez mais perto da perfeição e qualquer homem racional adorará essa matéria tão prontamente quanto o Sr. Spencer adora seu próprio assim chamado poder incognoscível. Este poder não apenas conduz à retidão atual, mas também conduzirá à retidão para sempre e isso é tudo do que precisamos. Fazer praticamente tudo o que um Deus pode fazer é equivalente a Deus, sua função é de Deus e num mundo em que um Deus seria supérfluo; a partir de um tal mundo, um Deus nunca seria legitimamente omitido.

Mas é a matéria através da qual o processo de evolução cósmica do Sr. Spencer é dirigido por algum princípio de perfeição interminável como este? De fato não é, pois o futuro término de toda coisa ou sistema de coisas cosmicamente evoluídos é uma tragédia e o Sr. Spencer, ao restringir-se à estética e ignorar o lado prático da controvérsia, realmente não contribui seriamente com nada de relevo. Mas apliquem agora nosso princípio de resultados práticos e vejam o significado vital que a questão do materialismo ou teísmo adquire.

Teísmo e materialismo, tão indiferentes quando tomados retrospectivamente, apontam, quando os tomamos prospectivamente, para conseqüências práticas totalmente diferentes, para perspectivas opostas de experiência. De acordo com a teoria da evolução mecânica, as leis de redistribuição de matéria e movimento, embora eles certamente sejam gratos por todas as boas horas que nossos organismos sempre nos permitiram e por todos os ideais que nossas mentes agora concebem, são contudo fatalmente certas de destruir sua obra novamente e redissolver tudo o que uma vez fizeram evoluir. Vocês todos conhecem o quadro do estado final previsível do universo morto, como a ciência evolutiva manifesta. Não posso estabelecê-lo melhor do que nas palavras do Sr. Balfour: "As energias de nosso sistema decairão, a glória do Sol será ofuscada e a Terra, inerte e sem marés, não mais tolerará a raça que, por um momento, perturbou sua solidão. O homem cairá no abismo e todos os seus pensamentos irão perecer. A consciência intranqüila que, neste canto obscuro, quebrou, por um breve espaço, o silêncio satisfeito do Universo descansará. A matéria, então, conhecerá a si mesma. 'Monumentos imperecíveis' e 'obras imortais', a própria morte e o amor mais forte do que a morte: será como se não tivessem existido. Nenhuma coisa será melhor ou pior, apesar de tudo, do que o trabalho, o gênio, a devoção e o sofrimento do homem que se esforçou, através de eras incontáveis, para realizar".

Essa é a sua ferida que, nas vastas correntezas do tempo cósmico, embora surjam muitas praias preciosas e flutuem para longe muitos bancos de nuvens encantados, perdurando por longo tempo antes de ser dissolvidos — da mesma forma que o nosso mundo perdura agora, para nossa alegria — contudo, quando esses produtos transitórios tiverem deixado de existir, nada, absolutamente *nada*, permanecerá para representar aquelas qualidades particulares, aqueles elementos de preciosidade que eles possam ter conservado. Mortos e sem existência estão eles, abandonaram completamente o real planeta e espaço da existência. Sem um eco, sem memória, sem influência sobre a partícula que possa vir depois, para fazê-la interessar-se por ideais similares. Essa tragédia e destruição finais e totais são da essência do materialismo científico como atualmente compreendido. As forças inferiores, e não as superiores, são eternas ou as últimas forças sobreviventes dentro do único ciclo de evolução que podemos definitivamente ver. O Sr. Spencer acredita nisso tanto quanto qualquer um; assim, por que deveria ele discutir conosco como se fôssemos tolamente fazer objeções estéticas à "vulgaridade" da "matéria e do movimento" — os princípios de sua filosofia — quando o que realmente nos espanta nisso é o desconsolo de seus resultados práticos futuros?

Não, a verdadeira objeção ao materialismo não é positiva, mas negativa. Seria ridículo, neste dia, fazer queixas dele por aquilo que ele *é*, pela "vulgaridade". Vulgaridade é o que a vulgaridade *faz* — nós agora sabemos *disso*. Queixamo-nos dele, ao contrário, pelo que ele *não é* — não uma garantia permanente para nossos interesses mais ideais, não um realizador de nossas mais remotas esperanças.

A noção de Deus, por outro lado, por mais inferior que possa ser em relação à clareza para aquelas noções matemáticas tão comuns na filosofia mecanicista, tem pelo menos essa superioridade prática sobre elas, ou seja, ela garante uma ordem ideal que será permanentemente preservada. Um mundo com um Deus para dizer a última palavra pode, de fato, queimar ou congelar, mas nós, então, pensamos a Seu respeito como ainda atento aos velhos ideais e certo de trazê-los de algum lugar para serem fruídos; de modo que, onde Ele estiver, a tragédia é apenas parcial e provisória e o naufrágio e a dissolução não são absolutamente as coisas finais. Essa necessidade de uma ordem moral eterna é uma das mais profundas de nosso coração. E aqueles poetas, como Dante e Wordsworth, que vivem na convicção de uma tal ordem, devem esse fato ao extraordinário poder tônico e consolador de seus versos. Aqui então, nesses diferentes apelos práticos e emocionais, nesses ajustes de nossas atitudes concretas de esperança e expectativas e todas as delicadas conseqüências que suas diferenças impõem, repousam os verdadeiros significados do materialismo e do teísmo — não nas abstrações minuciosas sobre a essência interior da matéria ou sobre os atributos metafísicos de Deus. O materialismo significa simplesmente a negação de que a ordem moral é eterna e o término das últimas esperanças; o teísmo significa a afirmação de uma ordem moral eterna e da liberação da esperança. Certamente aqui está uma conseqüência suficientemente genuína para qualquer um que a sinta e, uma vez que homens são homens, ela sujeitará a matéria a um debate filosófico sério. No que se refere a essa questão, em qualquer medida, os positivistas e os metafísicos estão errados.

Mas possivelmente alguns de vocês podem ainda sair em defesa deles. Muito embora admitindo que o teísmo e o materialismo fazem profecias diferentes a respeito do futuro do mundo, vocês mesmos podem ridicularizar a diferença como algo tão infinitamente remoto quanto não significar nada para uma mente sã. A essência da mente sã, vocês podem dizer, é ter visões mais restritas e sentir nenhuma preocupação sobre quimeras como o mencionado fim do mundo. Bem, posso apenas dizer que se vocês disserem isso cometerão injustiça com a natureza humana. A melancolia religiosa não é liquidada pelo simples florescer da palavra "insanidade". As coisas absolutas, as coisas derradeiras, as coisas justapostas constituem a verdadeira preocupação filosófica; todas as mentes superiores consideram-nas seriamente e a mente com visões restritas é simplesmente do homem mais superficial.

Porém, estou desejando ignorar essas perspectivas muito distantes sobre o final, se qualquer um de vocês assim insistir. A controvérsia teística pode ainda servir para ilustrar suficientemente bem, para nós, o princípio do pragmatismo sem nos distanciarmos muito. Se há um Deus, não é provável que ele se limite unicamente a se importar com o falado fim do mundo; provavelmente se importa com todo o seu percurso. Agora, o princípio do pragmatismo diz que o verdadeiro significado da concepção de Deus repousa naquelas diferenças que precisam ser estabelecidas em nossa experiência, se a concepção for verdadeira. O famoso inventário de perfeições de Deus, tão elaborado pela teologia dogmática, ou não significa nada, diz nosso princípio, ou implica certas coisas definidas que podemos sentir e fazer em determinados momentos de nossas vidas, coisas que não poderíamos sentir e não deveríamos fazer se Deus não estivesse presente e o negócio do Universo fosse conduzido por átomos materiais. Na medida em que nossas concepções da Divindade não envolvem tais experiências, até agora elas são verbais e sem significado — entidades e abstrações escolásticas, como dizem os positivistas —, e adaptam objetos para ser seu alvo de escárnio. Mas, na medida em que elas envolvem experiências definidas, Deus significa algo para nós e pode ser real.

Agora, se olharmos para as definições de Deus dadas pela teologia dogmática, vemos imediatamente alguma ascensão e alguma queda quando tratadas por este teste. Deus, por exemplo, como nos dirá qualquer manual ortodoxo, é um ser que existe não apenas *per se*, ou por si mesmo, como há os seres criados, mas *a se*, ou a partir de si mesmo e fora desta "não ipseidade" flui a maior parte de suas perfeições. Ele é, por exemplo, necessário, absoluto, infinito em todos os aspectos e único. É simples, não composto de essência e existência, substância e causalidade, realidade e potencialidade ou motivo e atributos, como o são as outras coisas. Não pertence a nenhum gênero; é inalterável interna e externamente; ele conhece e deseja todas as coisas, e antes de tudo seu próprio eu infinito, em um ato eterno indivisível. E é absolutamente auto-suficiente e feliz. Agora, em qual de nós, americanos práticos aqui reunidos, este conglomerado de atributos desperta qualquer senso de realidade? E se em nenhum, por que não? Certamente porque tais atributos não despertam sentimentos responsivos ativos e não exigem determinada conduta de nossa parte. Como a "não ipseidade" de Deus atinge *vocês*? Que coisa específica posso fazer para me adaptar à sua "simplicidade"? Ou como determinar nosso comportamento daqui em diante, se sua "felicidade" é de qualquer modo absolutamente completa? Nas décadas de 50 e 60, o Capitão Mayne Reid foi o maior escritor de livros infantis de aventuras ao ar livre. Estava sempre enaltecendo os caçadores e os observadores dos hábitos de vida dos animais e, mantendo elevado o fogo da crítica contra os "naturalistas de gabinete", como ele os chamava, os colecionadores e sistematas e os manipuladores de esqueletos e peles. Quando eu era criança, costumava pensar que um naturalista de gabinete devia ser o mais vil dos patifes sob o Sol. Mas certamente os teólogos sistemáticos são os naturalistas de gabinete da Divindade, mesmo no sentido do Capitão Mayne Reid. Sua dedução ortodoxa dos atributos de Deus não é nada além de falsos e comparáveis adjetivos pedantes de dicionário, distantes da moral e das necessidades humanas, algo que poderia ser elaborado a partir da simples palavra "Deus" por uma máquina lógica de madeira e bronze bem como por um homem de carne e osso. Os atributos que citei não têm absolutamente nada a ver com religião, pois religião é um assunto da vida prática. De fato, outras partes da descrição tradicional de Deus têm conexão prática com a vida e possuem toda a importância histórica desse fato. Sua onisciência, por exemplo, e sua justiça. Com uma, Ele nos vê no escuro, com a outra, premia ou pune o que vê. Assim, Sua ubiqüidade e eternidade e inalterabilidade apela para a nossa confiança e sua bondade bane nossos temores. Mesmo atributos de menor significado tiveram para a platéia aqui presente, em tempos passados, o seu apelo. Um dos atributos principais de Deus, de acordo com a teologia ortodoxa, é o seu infinito amor por si mesmo, provado ao se fazer a pergunta: "Por que, a não ser por um objeto infinito, pode um afeto infinito ser saciado?" Uma conseqüência imediata desse auto-amor básico de Deus constitui o dogma ortodoxo de que a manifestação de sua própria glória é o propósito primal de Deus em criação e esse dogma certamente vem fazendo a conexão prática muito eficiente com a vida. É verdade que nós mesmos tendemos a tornar grande demais essa antiga concepção monárquica de uma Divindade com sua "corte" e pompa — "seu estado é majestoso, milhares de vezes a sua velocidade de comando", etc. —, mas não há como negar a enorme influência que tem sobre a história eclesiástica nem, por repercussão, sobre a história dos estados europeus. E, contudo, mesmo esses atributos mais reais e significativos têm a cauda da serpente sobre si, como os livros sobre teologia realmente os têm mostrado. Alguém sente que, nas mãos dos teólogos, eles são um conjunto de adjetivos de dicionário, mecanicamente deduzidos; a lógica tem entrado no lugar da visão, o profissionalismo naquela da vida. Em vez de pão, obtemos uma pedra; em vez de peixe, uma serpente. Uma tal aglomeração de termos gerais abstratos deu realmente a essência de nosso conhecimento da Divindade, as escolas da divindade poderiam, de fato, continuar a florescer, mas a religião, a religião vital, teria alçado vôo deste mundo. O que mantém a religião caminhando é algo mais do que definições e sistemas abstratos de adjetivos logicamente concatenados e alguma coisa diferente das faculdades de teologia e seus professores. Todas essas coisas são pós-efeitos, acréscimos secundários sobre uma massa de experiências religiosas concretas, ligando-as com sentimento e conduta que se renovam *in saecula saeculorum* na vida de homens humildes. Se vocês perguntarem quais são essas experiências, são conversas com o invisível, vozes e visões, respostas à oração, mudanças de ânimo, libertação dos medos, pedidos de auxílio, garantias de apoio, sempre que certas pessoas estabelecem sua própria atitude interna de certas maneiras apropriadas. O poder vem e vai e é perdido e pode ser encontrado apenas numa certa direção definida, exatamente como se fosse uma coisa material concreta. Essas experiências diretas de uma vida espiritual mais ampla, com a qual nossa consciência superficial é contínua e mantém um comércio intenso, formam a massa básica da experiência religiosa direta sobre a qual repousa toda religião e que fornece aquela noção de um Deus sempre presente, fora do qual a teologia sistemática imediatamente continua a se aproveitar de seu próprio caminho pedante irreal. O que a palavra Deus significa são exatamente aquelas experiências ativas e passivas de suas vidas. Agora, meus amigos, é bastante imaterial ao meu propósito se vocês mesmos gostam e veneram essas experiências ou se permanecem distantes e, vendo-as nos outros, suspeitam que elas sejam ilusórias e vãs. Como todas as outras experiências humanas, elas muito certamente compartilham a tendência geral para a ilusão e o erro. Não precisam ser infalíveis. Mas certamente são as origens da idéia-Deus e a teologia é a tradução e vocês se lembram que estou agora usando a idéia-Deus simplesmente como um exemplo, não discutir sua verdade ou erro, mas apenas mostrar quão bem o princípio do pragmatismo funciona. Que o Deus da teologia sistemática deve existir ou não é assunto de um pequeno momento prático. No máximo significa que vocês podem continuar a divulgar certas palavras abstratas e devem parar de usar outras. Mas se o Deus dessas experiências particulares for falso, é uma coisa horrorosa para vocês, se forem daqueles cujas vidas estão apoiadas em tais experiências. A controvérsia teística, suficientemente trivial se a tomamos simplesmente de modo acadêmico e teológico, é de um significado tremendo, se a testamos por seus resultados na vida atual.

    Posso melhor continuar a recomendar o princípio do praticalismo a vocês.

* * * * *

William James
(1842-1910)

Filósofo e psicólogo americano. Um dos irmãos do novelista Henry James, estudou arte, química e medicina antes de se dedicar a seus reais interesses: a psicologia e a filosofia. Esteve incapacitado, sofrendo de melancolia, por muitos anos. Após lecionar filosofia em Harvard, tornou-se também professor de filosofia e psicologia (1885-97). Seus escritos *Variety of Religious Experience* (1902) revelam o direcionamento da maior parte de seus trabalhos em psicologia. É também conhecido pela disputada teoria James-Lange, que equaciona emoção com percepção de mudanças corporais. Em *Pragmatism* (1907) a palavra foi originalmente usada nesse sentido por Charles S. Peirce — expôs a doutrina segundo a qual a validade das idéias e princípios do ser humano só pode ser testada por meio de um exame de seus resultados práticos. A influência de James foi grande.

MADRAS® Editora
CADASTRO/MALA DIRETA

Envie este cadastro preenchido e passará receber informações dos nossos lançamentos, nas áreas que determinar.

Nome _____
Endereço Residencial _____
Bairro _____ Cidade _____
Estado _____ CEP _____ Fone _____
E-mail _____
Sexo ☐ Fem. ☐ Masc. Nascimento _____
Profissão _____ Escolaridade (Nível/curso) _____

Você compra livros:
☐ livrarias ☐ feiras ☐ telefone ☐ reembolso postal
☐ outros: _____

Quais os tipos de literatura que você LÊ:
☐ jurídicos   ☐ pedagogia ☐ romances ☐ espíritas
☐ esotéricos ☐ psicologia ☐ saúde   ☐ religiosos
☐ outros: _____

Qual sua opinião a respeito desta obra? _____

Indique amigos que gostariam de receber a MALA DIRETA:
Nome _____
Endereço Residencial _____
Bairro _____ CEP _____ Cidade _____

Nome do LIVRO adquirido: **Filosofia Americana**

MADRAS Editora Ltda.
Rua Paulo Gonçalves, 88 - Santana - 02403-020 - São Paulo - SP
Caixa Postal 12299 - 02098-970 - S.P.
Tel.: (0_ _11) 6959.1127 - Fax: (0_ _11) 6959.3090
www.madras.com.br

Para receber catálogos, lista de preços
e outras informações escreva para:

MADRAS
Editora

Rua Paulo Gonçalves, 88 — Santana
02403-020 — São Paulo — SP
Tel.: (0_ _11) 6959.1127 — Fax: (0_ _11) 6959.3090
www.madras.com.br